適中求對的山西王

閻錫山回憶錄及其他

閻錫山、臧卓　原著
蔡登山　主編

導讀：閻錫山和他的回憶錄

蔡登山

在風雲變幻的民國史中，閻錫山絕對是相當值得研究的人物。而研究山西近代史，閻錫山更是一個絕對無法回避的人物，他既是國民政府在山西的封疆大吏，同時又是行割據之實的亂世諸侯，自辛亥民國紀元起，中歷袁世凱時代及北洋軍閥時期，以至國民政府，洎於大陸變色；中間閻錫山僅離開山西數閱月，前後整整在職三十六年之久。因此被稱為「山西王」或「不倒翁」，誠可當之無愧。但閻錫山的割據統治，客觀上也為山西提供了一個相對安定的發展環境，使山西成為當時的「模範省」。

閻錫山主政山西，其一生擁蔣也反蔣，聯共也反共，抗日也通日。曾是國民政府的陸軍中將的臧卓在談到蔣閻兩人，曾指出兩人有其先天之癥結：「蔣視閻為軍閥、為不革命，而自以正統之革命領袖睥睨一切；閻視蔣為不公、為自私、為有畛域之見，而欲翦除群雄。」另外還有其後天之癥結：「則閻之輕取平津，坐鎮北疆，尾大不掉，形同割據；而編遣、餉糈、國稅、省稅諸問題，糾結難解；直至馮玉祥託庇於太原，出走於潼關，燎原之火，乃不可收拾！吾人自不能歸之『運數使然』，寧抑『人謀之不臧』耶！」

閻錫山（一八八三－一九六〇），字百川、伯川，山西省五臺縣人。一九〇四年被清政府選送日本學習陸軍。他先後在東京振武學校、弘前步兵第三十一聯隊和東京日本士官學校學習了五年。其間結識孫中山而加入中國同盟會。一九〇九年從日本畢業返國，初任山西陸軍小學教員，不久又應清廷朝考，得中舉人。回晉後，任山西陸軍第二標教官，翌年任第二標標統。一九一一年武昌起義，閻錫山當上了山西大都督。

一九二六年國民革命軍北伐起，十二月，閻錫山請求加入國民革命軍。次年一月，蔣介石提請任命閻錫山為國民革命軍北路總司令。六月，閻錫山通電擁護三民主義，除五色旗，改懸青天白日紅旗，被任命為國民革命軍第三集團軍司令，對張作霖作戰。一九二八年四月，蔣介石聯合馮玉祥、閻錫山、李宗仁組成四個集團軍，舉行「二次北伐」，擊敗奉系軍閥。至年底「東北易幟」，實現統一。

一九二九年六月，蔣介石致電閻錫山，委任閻為北路軍總司令，要求閻幫助他進攻西北軍，迫使馮玉祥出洋。閻錫山在蔣馮衝突中，既想擁蔣壓馮、又想聯馮抗蔣。因而，閻錫山對蔣介石的電諭討價還價。他主張和平解決糾紛，並放出話來說他要和馮玉祥一起下野出洋。蔣介石於是委任閻錫山為全國海陸空軍副總司令，使閻處於一人之下、萬人之上的地位。

一九三〇年四月，閻錫山與馮玉祥、李宗仁等軍事首領和汪精衛、陳公博等改組派聯合發動反蔣運動。蔣、閻、馮陳兵百萬在中原展開規模空前的大混戰。史稱「中原大戰」。在發動軍事倒蔣的同時，反蔣派在北平成立了「中國國民黨部擴大會議」，決定另組「國民政府」，閻任「國民政府」主席。但後不久，倒蔣軍事失敗，「擴大會議」曇花一現便告結束。閻錫山在作了不到一個月的主席後，悄然離去，避往大連。

一九三一年九一八事變爆發，蔣介石為了抗日和昔日反對勢力和解。十二月，在國民黨第四次全國代表大會上，閻錫山的中央執行委員被恢復。次年二月二十日被任命為太原綏靖主任。一九三六年十二月十二日，張學良聯合楊虎城發動兵諫，囚禁蔣介石。這就是震驚全國的西安事變。閻錫山雖然與蔣介石有過深刻的矛盾，但卻堅決站在國民黨主和派一邊，力促和平解決西安事變。

抗日戰爭爆發後，閻錫山被任命為第二戰區司令長官。閻軍曾積極抗日，在同日軍的激烈作戰中。閻錫山損失慘重，實力大減。為了重振隊伍，鞏固實力，閻錫山於一九四〇年四月將第二戰區司令部遷往山西隰縣南村坡。閻錫山在這裡一住便是五年，直到抗日戰爭結束。

抗日戰爭勝利不久，國共全面內戰爆發。閻錫山的部隊率先和中共解放軍多次交鋒，敗多勝少。時不過三年，閻錫山在山西的統治已岌岌可危。一九四九年四月二十日，中共解放軍對太原發動總攻擊。在太原城內的梁化之、王靖國、孫楚等人仍率殘部三萬餘人拒絕投降。據統計，當時因此自殺者為五十人上下。閻錫山以此為基礎，對外稱有以梁化之為首的「太原五百完人」殉城。後來閻錫山到了臺灣後，通過行政院撥款在臺北圓山建「招魂塚」，閻錫山還題了碑文和祭文。

一九四九年六月三日閻錫山擔任了國民政府的行政院長，以朱家驊為副院長，其餘國防部、財政部等部門都未曾變動，還是蔣介石的原班人馬。同年十二月八日，閻錫山飛往臺灣。次年三月，蔣介石在臺灣再次出任總統。陳誠繼任行政院長。閻錫山從此逐漸退出政治舞臺，其職位是總統府資政和國民黨中央評議委員。一九六〇年五月二十三日閻錫山病逝於臺北寓所，享年七十七歲。

閻錫山在清王朝末期、辛亥革命、北洋軍閥、國民政府及國民黨退據臺灣的最初十年等幾個時期，總是扮演著一個引人注目的角色，功過自有評說。筆者也試圖整理有關他的傳記資料，名為《適中求對的山西王：閻錫山回憶錄及其他》。本書可分為三大部分：其一是〈閻錫山早年回憶錄〉，其二是〈閻公錫山傳略〉，其三是〈臧卓筆下的閻錫山〉。其中〈閻錫山早年回憶錄〉是閻錫山手寫的，共有四篇，分別是〈我幼年的時代背景與獻身革命的經過〉、〈掌握山西武力與太原起義前後〉、〈二次革命的波折與民初山西的境遇〉、〈袁世凱稱帝過程中我的處境與觀感〉。我記得當年是在香港的《春秋》雜誌刊登，名為《閻錫山手寫回憶錄》，被當做相當重要的文獻資料。至於〈閻公錫山傳略〉未著撰者，收錄在《閻伯川先生紀念集》，一九六三年五月由閻伯川先生編輯委員會編印，亦曾附刊於一九六八年十月傳記文學出版的《閻錫山早年回憶錄》中。此文雖長達四萬餘字，對閻錫山的一生有相當詳細的描繪，但由於是出自紀念集的編輯委員會，呈現的只是褒揚而無任何貶抑，就客觀事實上會有差異的，也因此我特別找到臧卓所寫的多篇文章合為本書的第三部分〈臧卓筆下的閻錫山〉。臧卓當年是親歷北洋軍閥的這一些戰役的，他的筆下自有其褒貶的，這就構成本書的重要內容。

而由於臧卓大多數人對其相當陌生，因此有必要在此做一簡單的介紹：臧卓（一八九〇－一九七五），字勺波，筆名一勺，江蘇鹽城人。父親是個窮秀才，屢試不第，只得在邑中設館教書。臧卓幼時習經史，擅辭章之學。清光緒二十六年（一九〇〇年），他十一歲時在私塾讀書，旨在博取科名，適科舉廢止，稍長到南京考入陸軍，先後在陸軍小學、陸軍中學共五年。辛亥那年他正屆陸軍中學畢業，參加武昌起義，南北統一後，他在北京參謀本部當第五局（管戰史）科員，但不久辭職入保定陸軍軍官學校繼續讀書，深受校長蔣百里賞識。一九一四年上學期，在保定軍校畢業後，分發到江蘇馮國璋那裡做見習軍官候補排長，六個月期滿後，又回到北京。後到北京高等師範（即後來的師範大學，在北京琉璃廠廠甸）當地理教員，講地球投影及中國兵要地理。一九二四年，臧卓調任陸軍部少將機要科長，後受南方革命影響和軍校同學之招，悄然南下，參加國民革命軍。一九二七年，任職武漢衛戍司令部。北伐期間，他先後在陳銘樞的第十一軍和唐生智的第八軍任參謀長。一九三〇年，唐生智組織「護黨救國軍」進行第二次武裝反蔣失敗後，臧卓隱寓於上海，時常在《新聞日報》上發表對時局的主張，蔣介石閱後頗有讚賞，特地召見，意在籠絡。蔣介石問其是否與唐生智脫離關係，臧卓答以「關係脫離，感情還在」，為蔣介石所忌，未予重用。其間，臧卓就個人戎馬生涯作了筆憶，著成《萬裡征驂錄》，「辭含珠璣，時譽甚隆」。後來唐生智就任陸軍訓練總監，臧卓應唐生智之招，就任中將訓練所長。一九三七年「八一三」事變後，國民政府西遷，唐生智留守南京，臧卓在城防設施方面多所建言，並為唐生智所倚重。南京失守後，臧卓隨軍退至武漢。不久，臧卓悄然折回上海。臧卓與汪精衛私交甚篤，一九四〇年汪偽南京政府成立，臧卓亦落水當了漢奸，先後任軍事委員會委員，軍委會第二廳、第一廳廳長、點編委員會主任委員，點編華中和平軍四十餘萬，最後調任蘇北行營主任，統轄兩個集團軍，計十三個師，號稱十萬人之眾（實際七萬餘人），清剿盤據蘇北之新四軍。後因汪偽政權內鬨，被以「清鄉剿共不力」之名解職。抗戰勝利後，臧卓潛居香港，以教書為生，開始以私家教讀為主，學生之中，分為研究與補習兩種。後於一九五八年入聯合書院，講授「詩學通論」，後又教「斷代史」、「專書選讀」、「駢文選讀」，也擔任過「詩詞選」、「左傳」、「荀子」、「莊子」、「老子」等課，從聯合書院到後來改組為聯大，前後擔任教職有十四年之久。在光夏書院教書則前後兩年，因後來學校關門而作罷。在遠東書院則勉強教了一個月。臧卓幼時習經史，擅辭章之學。雖為武人，但學識淵博，晚年能在書院教詩詞及國學課程，可見其文史功力，至於文筆粲然更為其餘事。

臧卓所著《我在蔣介石與汪精衛身邊的日子》這本回憶錄就是一九七〇年一月起在香港《春秋》雜誌連載，原名《蔣汪與我》，但並未結集成書，這是他晚年的回憶錄，刊登時就一紙風行。作者是國民政府的陸軍中將，參加北伐，對當時的各路軍閥都相當熟稔。曾以「射陵外史」寫有〈北洋成敗縱橫談〉數萬字長文，鞭辟入裡，允為公論，讀者稱頌。

臧卓說到他曾數次見過閻錫山，並對他有其深刻的論斷：「予於北洋時代，曾隨節赴晉，數見其人。迨民十八、九之交，又以一介之使，三至太原，一蒞平原，有所親炙。又與其幕賓及部屬如趙戴文、趙丕廉、楊愛源、周岱、李服膺、傅作義、王靖國、李生達……等頻有往來。我總感覺到閻氏之特立獨行，深沉不露，計劃周密，謀而後動；民國以來，自國父與蔣先生外，閻氏當首屈一指。餘如北之段、張、曹、吳；南之馮、唐、陳、李，自鄶以下無稽焉。」於是他久就想寫閻錫山的傳記，但苦無具體資料。後來他根據賈景德先生所跋的〈閻故資政錫山事略〉全文及他在北方十餘年見聞所及綜合而成，這些文章發表在早期香港《春秋》雜誌上，臺灣的讀者或研究者甚少關注，四年前整理《臧卓回憶錄——蔣介石、張學良與北洋軍閥》一書才收錄這些文章。其中〈閻錫山軼事之八：憶中原大戰、作蓋棺之論！〉是非常重要的文章，他說許多談閻錫山的人，尤其是他的故舊多對「中原大戰」避而不談，隱諱其詞。臧卓認為閻錫山：「他是一位研究六韜深謀遠慮想統制中國的人。他又恐群雄跋扈，不為己用，讓他們先後反叛，一面削弱中央勢力，一面叫他們一個一個通倒下來，然後聽其驅策，使天下英雄入我彀中，這正是晉文公所謂：『莫予毒也已』。」於是他利用汪精衛以取黨，利用馮玉祥以作戰，利用桂以牽制湘贛，利用下台軍閥孫傳芳、吳佩孚、齊燮元等以安餘孽，以壯聲威；至是乃成反中央之「集大成」，宜其以為必勝也。

目次

閻錫山早年回憶錄

我幼年的時代背景與獻身革命的經過

我生於中華民國紀元前二十九年（清光緒九年公元一八八三年），那時中國與世界交通已達百年，因一切不圖進步，故事事相形見絀。在我的幼年時期，中國正處於政治窳腐，軍事失利，經濟落後，外交無能的極度黑暗時代中。清政府黯於時勢，當維新而不維新，有志之士咸認政府即亡國之前導，救國之障礙，無不義憤填膺，期以改造政府挽救國家為己任。但因主張不同，遂有保皇黨（又稱立憲黨，維新黨）與革命黨（初稱興中會，繼改組為同盟會）之分立門戶。前者以康有為先生為首，主張君主立憲。後者以孫中山先生為首，主張民主共和。

康有為、梁啟超戊戌變法立憲，受慈禧太后之阻撓而一蹶不振。慈禧之所以一意阻撓立憲，乃受中國四千年傳統的家天下思想所驅使，為了維護子孫帝業，即置國家安危於不顧。殆至我革命黨之力量屢仆屢起，澎湃全國，清廷方圖於癸丑（辛亥後二年）立憲，已不及措。後人每有謂「戊戌立憲，萬世帝王，癸丑立憲，國破家亡」，這實在是對領導失時者之真實寫照。

中國四千年來君位傳子專制的家天下思想，不只鑄成了政治的保守，抑且阻礙了物質的發達，中國的貧窮，實以此為根因。這是我自己的一個看法，我並且十分相信我這個看法。有人說中國文化不注重發達物質，反對奇技淫巧，即妨礙了發達物質，我認為道是一個極不公平的批評。因為中國文化提倡「正德利用厚生」，「正德」是以德顯能，「利用」是以物養人，「厚生」是美善人生，最注重發達物質。「孝悌力田」，即是重農。「日省月試，既稟稱事，所以勸百工」，即是重工。至排斥奇技淫巧，不是指發達物質說，是指在不適於人生處耗費精神說。中國由古以來教民生活，不貴異物賤用物，不作無益害有益，這話反面是打擊奇技淫巧，正面即是提倡發達物質。惟實現正德利用厚生，必須是天下為公的政治，不幸中國君位傳賢只歷兩代，為時一百六十餘年，即變為傳子，一私一切皆私。在此君位傳子的專制政體下，很難父賢子賢孫孫皆賢，為保持不賢子孫的君位就要忌妒民間的賢能。此所以中國歷代民間發明雖多，不只得不到政府鼓勵推廣，反遭到政府的打擊。此等行為，尤其在二千一百多年前秦始皇統一了中國以後為最。繼秦二千年來的政權，做法雖變，但均師其意。蓋中國當時無敵國外患，所慮為其子孫君位之害者，就是中國人民，因而一味施行愚民弱民的政策，不只是物質學問不能發達，即精神學問亦成了民間的產物，而不是政治的產物。

中國儒家的學問，「貨惡其棄於地也，不必藏於己，力惡其不出於身也，不必為己」，是發達物質的最高動力，亦是道德能力精神物質合一的圓滿道理。中國由古以來，說人民的幸福，一為壽，二為富，三為康寧，四為攸好德，五為考終命。亦必須加大生產力，正為發達物質的動力，其餘壽、康寧、攸好德、考終命，亦均須發達物質來完成。所以說中國物質科學不發達，不是受中國文化的影響，而是被君位傳子專制政體的政治力量所枷鎖。明末李自成造反，就是因政府忌妒他富而好施迫成的。

為籠絡才智而開科取士，亦為維護君位的一個重要政策。這一政策發展到八股文時代，可謂極盡控制人思路，耗竭人腦力的能事了。我就讀私塾時，尚習作八股文，深感其在人腦中是懸崖絕壁，有時苦思終日，寫不出一個字來，不同於研究科學之有道路，有階梯。所以我常說：假如把作八股文的精神用於研究物質科學，其成效不知有多少倍。

我十九歲時（清光緒二十七年公元一九零一年）為時勢所驅，認為欲有補時艱，有濟國危，只有投筆從戎，乃考入太原國立武備學堂。越三年，清政府選送日本學習陸軍。山西那一次共去了二十個人，其中我和姚以价、張維清三人是北京清廷給以公費，其餘十七人是省給以公費。當出國之前，山西巡撫（俗稱撫臺）張曾敭等所謂五大憲（撫臺、藩臺、臬臺、學臺、道臺）對留日學生諄諄告誡：到日本後千萬不可接近革命黨人，以免誤入歧途。提到孫中山先生，尤其極盡詆譭之能事。但我一登上日本的船隻，就不禁有無限的感慨！人家船上的員工做甚務甚，謙虛和藹，人少事理，與我們中國人的做甚不務甚，驕橫傲慢，人多事廢，顯然是一個進步與落後的對照。比至日本之初，雖對日本何以國小而強，中國何以國大而弱，不斷在腦中縈迴，然因臨行時清官吏之言猶在耳，仍存心拒與革命黨人往來。但逐漸由所聽到的話與所看到的書中，感到清政府誤國太甚，特別是有一天偶爾翻閱保皇黨出刊之《中國魂》，益諗知清廷之腐敗無能，清官吏所吩咐千萬不可接近革命黨人的話，至是在我腦中全部消失，遂決心加入推翻滿清政府的革命。

斯時正值孫中山先生在海外倡導革命，我聞其說，奮然興起，即由結識而參加其所領導之革命運動。翌年（清光緒三十一年公元一九零五年）中國革命同盟會（簡稱同盟會）在東京成立，我們參加革命運動之同志，均為同盟會會員。我開始參加革命運動，距我到日之初僅僅三月，而我個人對革命事業之背向，則自覺判若兩人。我由此深深感到為政不可落後了時代，如落後了時代，則所培植之人才，皆為崩潰自己之力量。清政府選送日本士官學校第六批之留學生二百六十餘人，超過前五批的總和，不能說不注重留學生了，但參加推翻清政府的革命運動的，也多是我們這第六批留學生，這完全是清政府領導失時所致。

我們在日本時，清廷曾要求日本驅逐中山先生，並禁止革命書刊，日本政府未予接受。當時留學返國的革命同志，被清廷殘殺者屢有所聞，我們即從日本致函北洋大臣袁世凱與南洋大臣端方，要求他們停止殘殺，如不接受，即不惜以一萬革命同志的生命換他們兩人的生命。我們返國之後，一則因清廷建立新軍，須以留學生為主幹，一則因我們對袁世凱、端方的神經戰，使他們有了戒心，於是這一批留學生很快的都在清軍中取得職位。

曾記得加入同盟會的誓言中有「驅除韃虜，恢復中華，建立民國，平均地權」四句話，我對平均地權這一句話的意義不甚瞭解，有一天向中山先生請教。他告訴我說：「平均地權的『權』字，不是量，也不是質，這也就是說，不是說地畝多少，也不是說地質好壞，是說他的一種時效價值。」我聽了說：「我還不明白。」他說：「我給你舉一個例子，如紐約原來是個沙灘，可以說不值一個錢，現在因繁盛起來，一方尺地即值銀子七百兩。」當時我未問一方尺的尺是英尺，還是公尺，但我曾問：「美國也是花銀子，說兩數麼？」他說：「不是，美國的貨幣，名叫套如（編按：Dollar），一套如約等於我們中國一兩銀子，我說一方尺值七百套如，你一定不曉得是什麼價值，所以我和你說是值七百兩銀子。」我說：「那麼，你所說的平均地權，就是平均這一文不值漲到七百兩的地價麼？」他笑了笑說：「你說對了。」他繼續說：「原來一文不值，今天值到七百兩銀子，不是人力為的，也不是造化予的，這純乎是因國家經營所提高，不應當讓地主享有，應該由國家享有。」我說：「我明白了。」他又說：「如紐約的這一種事實，世界上太多了。就我們中國說，上海、天津、漢口、廣州都是這樣，而且還在繼續發展，因此我認為應該實行平均地權。」我接著問：「商埠碼頭可以如此，普通都市也可以如此嗎？」他說：「凡有此種事實者，均應如此。」我又問：「耕作地是否可以如此？」他說：「耕作地因國家經營提高價值的事很少。」我復問：

「因人力改良而增漲的地價可否歸國家享有？」他說：「不可，人力改良的應歸出人力者享有。」這一席話歷時三十分鐘，在此短短三十分鐘的談話中，中山先生問我：你明白了嗎？總在十次以上，那一種諄諄誨人的親切態度，至今思之，尤覺敬服不置。

我加入同盟會之後，中山先生指示我們學軍事的同志不可參加外部活動，以保身分之機密，但應在內部建立一純軍事同志之組織，負起革命實施之責。此組織定名為鐵血丈夫團，蓋取孟子「富貴不能淫，貧賤不能移，威武不能屈」之義。參加此組織的二十八人中，山西即有溫壽泉、張瑜、喬煦與我四人，其他如浙江黃郛，江西李烈鈞，陝西張鳳翽，雲南羅佩金，湖北孔庚等，都是辛亥前後之革命中堅人物。

我在日本留學，於東京振武學校肄業二年半，弘前步兵第三十一聯隊實習一年，東京士官學校肄業一年半。振武學校是從第六批中國留學生起，專門為中國學生設的。士官學校的中國學生亦不與日本學生同住，且上課亦不在一起，因為日本有若干秘密，是不願讓中國學生知道的。在此五年中，我的時間多用於連繫革命同志，開展革命工作。暇時常與李烈鈞、唐繼堯、李根源、朱綬光等分析時事，研究政情，並曾編著革命軍操典與革命軍戰法。革命軍操典注重編制之改善，革命軍戰法則注重夜戰，均為適應回國革命而作。實際用於功課的時間不及其半，故每逢考試，輒以意為之，尤其算術一課，多不按公式計算，雖得數能對，老師亦僅給以及格分數。

我留日期間，正值明治維新，不論政治上與社會上都是一片振興氣象。最使人歷久不忘的兩件事，一件是你無論向任何人問路，他們無不和和氣氣的告訴你，甚至領你到達你所詢問的路口。一件是你無論在任何地方丟失東西，一定有人想盡方法給你送還。

還有樣人崇敬軍人的精神，也使人十分感佩。我在士官學校時，有一次舍營，演習之後，汗透重衣，人民拿出他們的衣服，讓我們穿上，然後替我們將衣服洗淨熨乾，並第我們飲水吃飯，吃了晚飯之後，向我們說；「你們早點睡罷，明早集合的時間我們替你們打聽，叫你們起來，為你們預備早餐，不用你們操心。」

又有一次行軍路經一個鄉村，見有些老年女人向軍隊拱手，若敬神然。我以後向日本人請問為什麼如是恭敬軍人？他們說早年日本政府有云：「敵人的軍隊來了，你敬神神不能替你打敵人，能替你打敵人的是軍人，你與其敬神，莫如敬軍人。」因此老年的女人尚有這種印象。

日本維新，以發揚武士道，提高軍人精神，為其主要目標。我到日本的頭兩年，正值日俄戰爭時期，我曾問過日本友人說：俄國是一個大國，軍隊裝備又好（那時管退砲日本尚不能製造，戰場上擄獲俄國製造者，始行仿造），你們日本有沒有戰勝的把握？他說：有。我說：你這話有何根據？他說：俄國人警告頑皮小孩子的時候，常常說：你再不聽話，就送你到軍官學校。他們存著這樣的輕軍心理，我們對他一定有勝利的把握。但凡事過猶不及，這一段時期，在尚武上俄國是不及，日本是過，俄國在日俄戰爭時固然招致了失敗，日本在二次大戰時，由於軍人驕橫，自由行動，亦難免於失敗。

日俄戰爭時為日本軍人精神最盛時期，日俄戰後即漸漸減退。因為戰爭一結束，社會黨（社會上稱之為過激黨）的傳單逢軍人即散，傳單上充滿了諷刺的話，比如說，你們軍人死了許多，為日本換來了什麼？無非是軍人的榮譽與資本家開發滿洲的利益罷了。在此種煽動下，很快的就有小部分軍隊突營的情形。

日本當時的社會黨和掌握下層社會的黑龍會，對中國革命運動，都很表同情與贊助。同盟會的盟友與他們過從頗密，對他們的活動亦多支持。有一次日本社會黨人大衫岩，因被日政府下獄，他夫人及其同黨人向我求助。我想到中國留學生患病住院，領事館每日可給醫療費日幣五元，我遂佯裝患病，經過一位德國醫學博士（亦社會黨人）診斷，允准住院。我一直在醫院住了六個月，把向領事館領到的醫療費，除了醫院費用，所餘九百日元，悉交大衫岩夫人。日本政府那時對社會黨人甚為敵視，這位朋友是社會黨的活躍人物，因而不幸於日本大地震時被日本政府假罪處死了。

民國紀元前六年（清光緒三十二年公元一九零六年）奉中山先生之命，偕盟友趙戴文各攜炸彈一枚，返國佈置華北革命。至上海港口時，因知海關檢查甚嚴，乃將趙君所攜之炸彈亦集於己身，並向趙君說：「如檢出來，我一人當之，你可不承認是與我同行之友。檢查時，我站在前列，你站後列。」趙君說：「我站前列，你站後列如何？」我說：「站後列有畏懼檢查之嫌，易被注視，仍我站前列為宜。」果然檢查人員檢查後列較前列細密，我遂得渡此難關。其後我向趙君說：「愈危難處愈不可畏縮，畏縮則引人生疑。」行抵漢口，在一家旅館中，很湊巧的看到牆壁上有墨筆寫的兩行字：「事到難為宜放膽」，「人非知己莫談心」，我想那一定是革命黨人所題，若非革命黨人，腦筋中就不會動此感想。回晉後，在家中住了五天，即到五臺山周圍各縣與雁門內外旅行，向各處學生、教師、商人、僧侶運動革命，歷時三月，復赴日本。

其後在弘前步兵三十一聯隊實習的階段，看見上海報載，廣東欽州被革命軍佔領，興奮之餘，即向聯隊提出因病請求退學之條呈，因為那時我的革命軍戰法已經編成，急欲親往欽州參加革命行動，對我的革命軍戰法實際作一試驗。結果日本聯隊長未批准我的退學請求，當批駁之條呈發下，又見報載欽州已被清軍克復。於今思之，方覺我當時的舉措未免衝動。

民國前三年（清宣統元年公元一九零九年）畢業返國，繞道朝鮮旅行，經京城（今漢城）時，適逢朝鮮大臣下朝，人人皆沿牆邊小路而走，且每行數步，即掉頭向我竊視，其狀如鼠之畏貓然。因我穿的是西裝，與日本人無大分別。一望朝鮮大臣之可憐模樣，即知其在路上常受日人凌辱，以故未敢坦行，亦未敢直視。住旅館後，朝鮮報社記者來訪，最後含淚無言而別。至平壤，見有一座建築嶄新的樓房，經詢問獲知為妓女學校。我當時深感亡國之民，生命財產廉恥均無以自保，因而於辛亥革命成功之後，向山西人民普遍講述亡國之可怕，大聲疾呼的提出「救國要在國未亡之前努力」的口號。為進一步使省人以目睹事實自警警人，曾發動山西各界人士組織韓國參觀團，由馮曦領導，前往韓國參觀。他們於回國後曾將參觀報告印散山西全省人民，以是山西人民對亡國慘痛都有比較清楚的認識。

掌握山西武力與太原起義前後

同盟會因為種種關係，把革命任務分開了江南江北兩部分。中山先生與同志們研究發動起義的地點，大家都主張在江南。因為一方面江南離北京遠，發動起來，北方的清軍不容易集中反擊，一方面江南有海口，易於輸入軍需品及得到外力的援助，且江南的革命潮亦較江北為高。因此，江南江北所負的任務就不同了。當時決定山西所負的任務是革命軍到河南時，山西出兵石家莊，接援革命軍北上。這是辛亥革命以前的決策。

當辛亥革命的前夕，山西軍隊分新軍與舊軍兩部。新軍為一個混成協（旅），下轄步兵兩標（團），騎兵砲兵各一營，工兵輜重兵各一隊（連），姚鴻發任協統（旅長）後，將騎兵營和工兵隊撥歸一標代管，砲兵營和輜重兵隊撥歸二標代管，全協共四千餘人，悉駐太原。舊軍為巡防隊十三個營，亦共為四千餘人，除分駐綏遠、大同、代州（代縣）、平陽（臨汾）者外，駐太原者計三個營。舊軍保守太甚，不易向革命方面轉變，新軍則大半為我與我的盟友或同學所統率。我回晉之初，被派為山西陸軍學校教官，三閱月升任監督，旋為實際掌握新軍，以種種努力，獲調山西陸軍第二標教練官（中校團附），一年後升任標統

（團長）。這時一二兩標雖改名為八十五標與八十六標，但人仍多以一二標稱之。其間清廷於北京舉辦留學生朝考，我遵命前往應試，得中舉人。

那時山西軍中的山西籍人不過十分之二，且多是所謂「老營混子」。我於就任標統後，為使新軍易於掌握，且易成為有朝氣有團力之革命武力，於是提倡徵兵，山西巡撫丁寶銓與新軍協統姚鴻發咸表贊同。而此事之得以迅速成為事實，則尤應特別歸功於山西諮議局局長梁善濟的支持。徵兵制度實行之年，新軍步兵兩標中十分之六以上的兵員即皆成為山西籍的勞動農工。其明年，新兵與舊兵就成為八與二之比了。

姚協統鴻發雖非革命黨人，但與我交情甚篤。他升任山西督練公所總辦（主全省兵事者）後，曾向我說他已與北京方面洽妥，我出五千兩銀子，他所遺協統之缺由我升任。因為他父親時為陸軍部侍郎（次長），他向陸軍部主管人關說此事，甚有把握。丁巡撫寶銓、梁局長善濟亦皆勸我出此。我則以革命的事全在下層，離的下層遠了，即不好組織革命力量，掌握革命行動，遂婉謝之。

為進一步使兩標新軍革命化，我與盟友趙戴文、溫壽泉、南桂馨、張瑜、喬煦，常越日夜密謀，決定一面發起成立山西軍人俱樂部，表面上研究學術，實際上團結革命同志，暗中鼓動革命。一面組織模範隊，表面上作訓練的表率，實際上作起義的骨幹。

我第一次回國時由日本帶回之炸彈，一直由我們的同志保存到辛亥革命的前夕。本來打算以一顆由王建基、徐翰文攜綏遠，一顆留太原，俟秋季祭孔時，同時分炸綏遠將軍與山西巡撫。嗣經再三斟酌，此種舉動之後果，非我們所能把握，不若運用軍隊成功，再舉義旗，在革命前途上更為有利，且能符合同盟會全般革命計劃，遂即決定中止。

我沒有等到革命軍到河南，就緊跟著湖北武昌之後，在太原起義。這並不是既定的計劃，而是受了事實的逼迫，使我不得不提早行動。在山西巡撫陸鍾琪於武昌起義後，特召其子亮臣來晉，作緩和革命之計。亮臣與我是日本官士學校同學，但屬泛泛交，主張亦不接近，不過他知道我曾參加同盟會，且是鐵血丈夫團中人。他到晉翌晨，即訪我談話。一見面就說：「我此次來，即為與兄研究晉省對武昌事件當如何應付。兄有意見，弟對家父尚可轉移。」我當時答覆他說：「武昌事件的真相，我尚不知，黎元洪究竟係為革命而起義，抑係別有原因，我也不明白。是不是我們現在談應付武昌事件的話，還有點太早。」他又說：「我們還可以再觀察幾天，不過我可以和你說，最後需要家父離開時，我也能設法。」我笑了一笑說：「這話說的那裡去了，你來，我們更說不到那樣的話了。」他臨行時，又和我說：「過兩天，我們是不是可以和蘭蓀（姚鴻發字）一起談談？」我說：「可以，你通知他，還是我通知他！」他說：「我通知罷。」

在這時候，有兩件事逼迫得我實在不能等候。一件是山西有五千支德國造的新槍，要借給河南三千支，隨帶子彈，且已運走一部分。一件是要把一二兩標分別開往臨汾與代州，而由巡防部隊接替太原的防務。亮臣與我見面的當日晚間我就到姚總辦處問說：「亮臣曾否來訪？」他說：「來過了，他並且說和你談的很好，是不是再過幾天我們共同談談？」我說：「總辦決定罷！」我辭出後，向督練公所的辦公人員打聽，知道運槍與開兵的事，已決定趕速實行。此時我益猜疑陸亮臣此來，完全是想敷衍住我，把運槍和開兵兩事做成。而此等計劃，不只是陸巡撫一人打此如意算盤，官紳軍界中亦均有參與謀者。

我從督練公所回來，趙戴文同志就在家中等我，一見面就問我說：「陸公子來幹什麼？」我說：「他也是計劃響應武昌。」他說：「可靠麼？」我說：「我們今天不研究他可靠不可靠，我正要找你研究由他來得到的感想，作我們決策的依據。」他接著問：「你看他究竟來作什麼？」我說：「頂好也是敷衍住我們，完成運槍開兵的事，然後靜觀革命情勢的發展，如果革命有過半成功的成分時，擁戴上他父親，聯合上大家，作一個突變，與響應武昌起義是不會有絲毫實際效用的。」他說：「事既如此急迫，是不是要和大家商量個辦法？」我說：「革命是個危險事，與大家謀，不易成功，反易洩露。」

這段話談完之後，我就與趙戴文同志估計了一下我們在新軍中可能使用的力量，認為我的二標的三個管帶（營長）張瑜、喬煦都是我們的堅強同志，只有瑞墉是個旗人，其餘下級軍官，都很可靠，行動的時候，只要把瑞墉一個人囚禁起來，即無其他顧慮。騎砲營是些老軍人，不贊成，也不會反對，且砲兵中有不少下級軍官和頭目（班長），是我們的同志，可能控制該營。工輜隊雖不同情，亦不會有急劇的抵抗，且人數又少，關係不大。需要特別注意的，只有一標，因為一標的黃國樑標統與我私交雖好，但不是同志，他的三個管帶白和庵姚以价熊國斌亦然，故只能從下邊運用，因為隊官（連長）與頭目之間，我們的同志還不少。研究到這裡，趙戴文同志說：「姚以价不是你的同學麼？他雖然是保皇黨，但保皇黨已無前途，你是不是打算在他身上用力？」我說：「是的。但按他的性情，不加逼迫，他不願冒險，他所以不參加同盟會，而參加保皇黨，就是因為不願冒險，不過逼迫他的路子還有。」

越數日，首先接到開拔命令的是一標一營，開拔日期為陰曆九月初八日（陽曆十月二十九日）。我得到這個消息後，認為起義的時間不能再緩，即決定於九月初八日起義，時為武昌起義之後十九日。起義的前一天，我派張樹幟同志去一標運動，並吩咐他先運動同志中的下級官和頭目，再影響非同志的下級官和頭目，將下級官和頭目運動好後，以下級官和頭目帶起軍隊來，逼迫營長，只要他們不障礙，就不可毀傷他們。一面並囑該標見習高冠南糾合同志暗中協助，先從一營入手。因一營奉令於九月初八日出發，出發之營，於出發前一日，方發給四萬粒子彈，二三營尚未奉到出發命令，故未領到子彈。連繫的暗號，約定運用好後，即在電話上告我：「債討起。」如運用不好，則告我：「債不能討。」張樹幟同志臨行時，我又告訴他說：「你縱使運用不好，也不可離開一標的隊伍，如二標發動時，你在一標能拉多少算多少，至少也要糾合我們的同志帶隊響應。」

張樹幟同志走後，我即召集二標中下級軍官同志十一人開會，我首先問他們說：「我們是遵命開拔，還是起義？」大家同聲說：「我們應該起義。」我又問他們說：「一標不同情怎麼樣？騎砲營有沒有辦法？」他們說：「砲兵可以設法，騎兵沒甚關係，一標至少也能拉出一半人來！」我說：「好罷！那麼我們等等看，先把二標的動作研究研究！」討論至午夜，一標有電話來，知道運用成功，當時就決定讓他們回去照計劃於翌日早晨開城門動作，一標打撫署前門，二標打撫署後門。開會的同志剛出了我的門，瑞墉之弟瑞祿就攔住大家，拉住排長李執中的手問：「你們開會作什麼來？」機警一點的同志說：「研究開拔的事。」但李執中認為事已敗露，遂跳了井。他們返回來報告我，我很著急，但仍命大家隨時與我保持連繫，照原計劃行動。實則當時官場中對革命的警覺性不夠，他們雖知道我們開會，並未防我們起義。

張樹幟同志到一標運動，費的周折很大，起初不只革命與不革命的人意見紛歧，即革命同志中，也有主張等隊伍開出南北再行舉義回打太原或圍困太原的。惟因軍心傾向於不開拔者多，故最後得以運用一致。首先一營中幾個頭目聯合到三分之二的頭目，將軍械庫開了，子彈搶了，鍋盌全粉碎了，表示其破釜沉舟的決心。然後二營亦起而響應，向一營分得子彈一部，並決定翌日晨由二營管帶姚以价指揮入城。

一、二標均連繫妥當之後，時已午夜後二時，我因李執中跳井的事恐有洩漏，便拿起電話耳機聽有無說法。剛拿起耳機來，就聽到撫署告督練公所與提學司說：「武昌大智門克復，鄂亂不日可平，應告知軍學兩界。」接著聽見督練公所電話叫一、二兩標。當時我深恐這個消息傳下去，可能遏止了翌早的舉動，遂一面著人告知二標本部勿傳此電話，一面聽一標是否傳此電話，許久迄未聽得，後來才知道那時候一標本部通各營的電話早被我們的同志割斷了。

九月初八日（陽曆十月二十九日）天剛亮，我就到二標二營，因將該營管帶瑞墉囚禁之後，須我特為照料。我並告知一、二兩標對陸巡撫及其公子暫囚勿傷。兵動後，我督率二標先攻撫署後門之巡防隊，因非攻破巡防隊，不能攻撫署後門。一標向撫署前門進攻時，協統（旅長）譚振德在撫署門前厲聲的說：「你們造反啦！趕緊回去，不究！」我革命軍中有一位楊潛甫同志（楊乃山東曲阜人，亦為同盟會盟友，係盟友趙守鈺任二標三營督隊官（營附）時，經另一盟友賈銘甫之介紹召其來晉者，起義前一日晚，一標破釜沉舟的行動，也是他領導起來做的），反激他說：「協統也知道革命的大義麼？如知，指揮我們向前，否則，請退！」譚尚力阻不退，楊潛甫同志乃舉槍將其擊斃，奮勇當前；帶隊衝入撫署，撫署衛兵未作抵抗即紛紛潰散。陸巡撫此時衣冠整齊，立於三堂樓前，陸公子亮臣隨其旁。陸公子說：「你們不要動槍，我們可以商量。」陸巡撫說：「不要，你們照我打罷！」當時因陸巡撫之隨侍有開槍者，遂引起革命軍之槍火，陸巡撫與其公子亮臣均死於亂槍之中。陸巡撫、譚協統，陸公子，與我們的立場雖異，而他們忠勇孝的精神與人格則值得我們敬佩。因為立場是各別的，人格是共同的，故我對他們的屍體均禮葬之。

是日，山西諮議局及軍政民代表集會，舉我為山西都督，溫壽泉同志為副都督。我在就任都督的大會上，曾向軍民說：「太原雖然光復，不可認為成功。因革命如割瘡，我們已往等於醫學校的學生，今天才是臨床的大夫，亦可以說今天才是革命的開始。原與孫先生約定革命軍到河南時，山西再動，今不得已而早動，對全局好處固多，而我們的困難亦甚大，願與諸同志軍民本高度的革命精神與清軍作戰，先求固守。」在與文武僚屬的集會上，曾向大家說：「只為人謀，不為己謀，成功是成功，失敗亦是成功，聖賢是也。為人謀，亦為己謀，成功是成功，失敗是失敗，豪傑是也。只為己謀，不為人謀，失敗是失敗，成功亦是失敗，糊塗人也。吾輩當勉作前者，忌作後者。」在與我的同志的集會上，曾向他們說：「盡人事聽天命，為社會上普通的道理，我們革命同志應當具有『謀其事之所當為，盡其力之所能為，天命與人事何分』的意志。」這三個場合上說的這三段話，我現在憶及，猶歷歷如在眼前。

經過整天忙亂之後，傍晚才到寓所接受親友對我的道賀，因為這一天適為我二十九歲的生辰。在我自己實在沒有興致顧及這些私事，因為從這一天起，革命的擔子更沉重的壓在我的雙肩，一切一切都需要親身處理與擔當。

就在這一天晚上，我住在二標二營，一標三營管帶熊國斌忽然帶著他的全營兵來，一見我就說：「我是來保護都督來了。」我素日深知他是巡撫派，此來必然是乘我不備為陸巡撫報仇。我毫未遲疑的答覆他說：「好罷！你先命你的隊伍架槍集合，集合好後向我報告，我給他們講話。」當他再進來向我報告時，我就一槍將他擊斃，並向他的部下宣布說：「熊國斌是要反革命，現已被我處決，你們贊成革命的槍架原地候命，不贊成革命的自動回營。」結果有兩連留下，其餘潰散，結束了這一驚險的場面。我從獻身革命迄今，有八個自分必死而未死的場合，這可說是八次中的第一次。

雖然在我舉義之次日，清廷即下詔罪己，准許革命黨人依法組黨，但有識者皆知此不過緩和革命欺騙世人的手法，並非真心悔禍；為中國的前途計，必須澈底摧毀滿清的統治。我雖然向軍民宣布先求固守，然我的內心中總認為山西在崇山峻嶺之中，對清廷影響尚小，頂好是出兵直隸（今河北）正定，一方面可堵住山西的門戶，一方面可斷絕平漢路的交通。惟感力量不夠，又不敢輕作嘗試，於是僅先移師一部進駐娘子關，視清廷對我行動，再作攻守之計。果清廷命第六鎮（師）軍由旅長吳鴻昌統率，向山西來攻，並輔以旗軍，而防其貳。

我正與諸將領及幕僚人員集議如何迎擊清軍進攻，忽有清軍第六鎮統制（師長）吳祿貞將軍之參謀周維楨君持吳函來見。吳將軍給我的信，開首說：「公不崇朝而據有太原，可謂雄矣。然大局所關，尤在娘子關外。」繼又說：「革命之主要障礙為袁世凱，欲完成革命，必須阻袁入京。若袁入京，無論忠清與自謀，均不利於革命。望公以麾下晉軍東開石家莊，共組燕晉聯軍，合力阻袁北上。」吳祿貞將軍為士官同學，惟較我早四期，故前未之識，但我深知其歸國後，積極致力於革命工作，故當時即擬以同意復之。但我的幕僚人員則以為應防其詐，我說：「豈有騙人的吳祿貞麼？」他們都說：「今清廷勢力尚屬完整，不能不加防範。」於是決定先與吳軍合殲旗軍，以清燕晉聯軍之障礙。當託周維楨君建議吳將軍先令旗軍攻固關，晉軍擊其前，吳軍擊其後，旗軍殲，燕晉聯軍之舉自可實現。

從周維楨君的談話中，知道在太原起義之同日，駐灤州清軍第二十鎮統制張紹曾，協統藍天蔚馳電清廷，促請立憲，並削去皇族特權，組織責任內閣。清廷深懼灤軍兵臨城下，一面令資政院起草憲法，對張等傳令嘉獎，一面派吳祿貞將軍赴灤宣撫。張、藍、吳同為士官同學，且志同道合，吳將軍乃在灤軍中鼓吹革命，全軍為之感動。比得悉清廷令第六鎮軍攻晉，乃疾返軍次。始欲隻身入京，籲請清廷正視大局，延緩攻晉，繼慮恐因灤事被執，乃詭以招撫晉軍入告，清廷雖疑其不誠，然卒以山西巡撫授之，冀以爵誘。殊不知革命志士只知一義，非利祿所可動搖，清廷此一任命正給了吳將軍一個聯晉覆清的護符。

周歸後，我復使當時擔任參謀職位的士官同學仇亮促吳進兵，並在電話中與吳開玩笑：「將軍為巡撫所動了罷！」吳回覆我說：「這是那裡話，我們應該當面談談，共罄所懷。」

於是我們就約晤於太原石家莊間之娘子關。吳將軍於九月十四日（太原光復後六日）偕旅長吳鴻昌，參謀何燧依約而來。吳與我談話中，述及袁世凱所練六鎮新軍，除第一鎮為旗人，第六鎮為吳部外，其餘統制，皆為袁之私人，清廷雖忌袁，此時又必須用袁，故九月十一日宣佈攝政王載灃退位，內閣總理大臣慶親王奕劻罷黜，十二日即授袁為內閣總理大臣。袁一入京，則六鎮新軍為袁用，即為清廷用，吾輩欲成大事，必須阻袁入京。我對他的看法，立即表示贊同。當時因吳將軍只帶少數參謀人員進入山西革命軍防線之內，充分表示他的誠意，於是我的幕僚人員亦均釋其疑慮，不再堅持先殲旗軍的條件。我遂即決定派一個混成旅至石家莊，與吳將軍所部合組燕晉聯軍，吳任都督，我任副都督。臨別時吳問晉軍何時開動，我說：第一列車隨公而後即開。

吳將軍返石家莊後，以車站票房為行轅，夜與其參謀周維楨、張世膺治軍書，忽有人入，以賀問晉巡撫為言，槍擊中吳要害，周、張兩參謀亦同遇難。時為九月十六日午夜，實乃十七日之早一時。晉軍先頭部隊第一營，由劉國盛率領，於斯時甫至，驚悉吳將軍被刺，且見石家莊秩序大亂，乃原車返晉，並拆毀鐵路十餘里，以斷追路。當時在吳部之同盟會盟友隨晉軍來歸者，有孔庚、王伯軒、倪普祥、李敏之諸君，據他們說：吳將軍之死，乃清廷以二萬兩銀子買通其部下吳旅長鴻昌所圖，與一般所傳刺吳將軍者為周旅長符麟微有出入。

此一意外禍變，使我們阻袁入京之謀成為泡影，飲恨之深，實非言語可以形容。而吳將軍之英俊豪爽，肝膽照人，料事之確，謀事之忠，在娘子關之短短一會，在我的心目中永遠留下不可磨滅的印象。為表彰其壯烈精神，特於民國二年（公元一九一三年）發起鑄銅像，建石碑，撰文表於成仁地點，以紀念之。

清廷以第六鎮軍經此變故，不克平定晉事，乃於十月下旬復遣其精銳第三鎮軍由娘子關攻入。這一支兵的帶兵官，如統制（師長）曹錕，協統（旅長）盧永祥，管帶（營長）吳佩孚，隊官（連長）王承斌，司務長（特務長）張福來，皆為後來北洋軍閥之重要人物。

清軍擊破娘子關後，我前敵總司令姚以价率眾退返太原。此時有主張燒燬太原城者，有主張與清軍議和者，我為保存革命力量，決定分向南北退守，以圖再舉。當商定由副都督溫壽泉率南路軍退晉南，我率北路軍入綏遠。當時我與大家說：「九月初七日決定起義之深夜，我即得悉武漢大智門有被清軍克復之訊，那時恐影響起義之信心，始終未與諸將士言。我敢斷定今後革命軍必隨全國人心而蠭起，最後之勝利必屬於我們。革命工作是以小敵大，以寡敵眾，必須經百敗而後成。今日之分退，即將來合攻之基，我們的同志必須百折不回，奮鬥到底。」

乘馬出北門後，我與偕行之總參議趙戴文，總司令孔庚，兵站司令張樹幟三同志說：「今日在馬上身輕欲飛，才感到世所謂『如釋重負』之語，是怎樣的情景。」蓋我自起義至退出太原，歷時四十五日，未脫衣，未就床，故至此特有是感。

北行抵河曲，得清同治年間所製上鐫「神功大將軍」大礮四尊，能容火藥十斤，射程三華里，聲聞三十華里，眾以天意助我，士氣大振。我乃與諸將士於陰曆十一月初四日在河曲之黃河灘歃重盟誓，然後向綏遠進發。二十三日行抵包頭城下。包頭清軍欲以供給軍餉不入包頭城為條件，我答以限兩小時騰出，否則即攻。其實我軍實力不若包頭清軍遠甚，而包頭清軍果於兩小時內撤出，此即革命精神有無之所關。

入包頭整補之後，繼攻歸綏。時清廷已調第一鎮之一個旅增防歸綏，官兵純為旗人，戰鬥力亦強。故我歸綏之戰，未能獲勝，且因桃子壕之役前敵總指揮王伯軒陣亡，士氣頗餒。夜聚諸將商之，均言進攻恐全軍覆沒。我說：「勝敗之機不在敵人，而在我們，轉敗為勝，此正其時。」諸將歸後，趙總參議戴文說：「觀諸將戰志，進攻恐難有利，將如何？」我這時才告他說：「太原諮議局暨軍政界人士秘密派人賚文，歡迎我回省，我打算即刻回攻太原。因歸綏是我們的副目標，最後目標是收復太原。我亦知攻綏不利，但不願先告諸將，以防夜遭不測。」次早，我仍下令進攻歸綏，前進五里後，停止待命。比及東行五里，我復下令轉向南進，大家才知道是回攻太原。行抵晉北之神池，有一天主教外籍神父來歡迎我說：「共和了！共和了！」諸將士甚為興奮。我對諸將士說：「共和雖已宣布，回太原尚須奮鬥！不宣布共和我不悲觀，宣布了共和我們反不敢樂觀。更應整飭軍紀，爭取民心。」

沿途餐風露宿，陰曆除夕趕抵忻州。翌日接獲段祺瑞電，囑我在忻州小住，勿攻太原，俟張巡撫錫鑾退出太原，再行回并。我即覆電說：議和是全國的事，回太原是我的責任，清軍必須迅速騰開太原，否則即日進攻。段祺瑞遂覆電謂：已令張錫鑾離晉回京，仍望維持和平。我當覆電允諾。太原各界代表聞訊紛來歡迎，我乃率部和平重返太原，執行山西都督任務。

我於太原光復之初，即曾派南桂馨同志間關南下，向中山先生與同盟會諸負責同志報告太原起義的經過與提前動作的衷曲，並充任山西的代表。其後，光復各省代表選中山先生為中華民國臨時大總統，中山先生在南京就職，以迄臨時參議院成立，南北議和，清帝溥儀退位，這一段時期，正是清軍由娘子關攻入，我退出太原轉戰綏遠的階段。當時因通訊連絡不便，以故這些發展一直到返回晉省才得明瞭。

中山先生為急求國內的統一，以溥儀退位之次日，即向臨時參議院辭去臨時大總統職，並舉袁世凱自代。他自己則甘以在野之身，贊襄政治，促進建設。民國元年（公元一九一二年）秋，先生為樹立議會政治的規模，以同盟會為基礎，而合統一共和黨、國民共進會、共和實進會、國民公黨，改組為國民黨，八月二十五日在北京成立，先生被推為理事長，黃興、宋教仁、王寵惠、王人文，王芝祥、吳景濂、張鳳翽、貢桑諾爾布被推為理事，胡漢民、張繼、譚延闓、于右任等與我被推為參議。改組工作與國民黨成立大會，均係在先生親自主持下進行。

斯時，張謇所領導的統一黨與黎元洪所領導的民社黨，又拉了幾個小的政團，亦合組為共和黨，推梁啟超為領袖。中山先生曾呼籲兩黨以英美先進國為模範，以公理是非為依歸，不以黨見相傾軋，完成美善的政黨政治。

是年九月中山先生特由北京蒞晉，十九日在太原各界歡迎大會上，曾嘉勉我們說：「去歲武昌起義，不半載竟告成功，此實山西之力，閻君伯川之功。不但山西人當感戴閻君，即十八行省亦當感謝。何也？廣東為革命之原初省分，然屢次失敗，滿清政府防衛甚嚴，不能稍有施展，其他可想而知。使非山西起義，斷絕南北交通，天下事未可知也。」又對山西商學界歡宴上演講說：「前在日本時，嘗與現任都督閻君謀畫，令閻君於南部各省起義時，以晉省遙應。此所以去年晉省聞風響應，一面鼓勵各省進行，一面牽掣滿兵南下，而使革命之勢力迅疾造成也。」又在我的歡宴會上演說：「武昌起義，山西首為響應，共和成立，須首推閻都督之力為最。今非享福之時，尚須苦心建設十年，方可言享福。文摒一己權利，為四萬萬同胞謀幸福，願與各位共勉之。」這對我實在是過獎之辭，而山西革命同志與全體軍民，受此鼓勵，則感到萬分興奮，並對我們偉大領袖孫總理永遠崇拜不已。總理臨行時，特囑：「北方環境與南方不同，你要想盡方法，保守山西這一塊革命基地。」

二次革命的波折與民初山西的境遇

民國元年（公元一九一二）七月，廣東都督胡漢民來電說：「近得京友確報：中央現主極端集權，實行軍民分治，收軍權財權暨一切重大政權，悉褫中央，權各省都督之反對，則大借債，以操縱之，雖失權於外人，亦在所不惜。此後救濟之法，惟有聯絡東西北各省反對力爭，或可補救一二。」旋接江西都督李烈鈞電，亦同此意，並力主應以地方監督政府，不使政府操縱地方，以免失權外人，復陷專制。我當時對他們的主張深表同情，於是很快覆電贊同，並說明：「地方分權，古今通義，徵諸歷史，根據甚深。且中國省界之大，動逾千里，非東瀛府縣西歐州郡所可比擬，即授以各國地方行政之權，尚覺輕重失當，遑論集權中央。況當建設時代，伏莽未靖，軍政民政其權不容分屬，宜授各省都督以行政特權，限以年歲，使其厲行整理，因循玩愒，屆期不舉者，嚴加懲處，使政府與地方互相維持，互相監督，庶政府之野心不萌，而各省亦不至逾權越限。俟國基鞏固，然後徐圖集權，尚未為晚。」

這一聯電力爭的行動，李烈鈞同志和我曾廣為聯絡，經過一個多月的努力，明白覆電給我不表贊同的，只有四川都督胡景伊，積極表示贊同的，則有湖南都督譚延闓，江蘇都督程德全，奉天都督趙爾巽。我初以奉天趙都督老成望重，由其領銜入告，較有裨益，李烈鈞同志亦表同意，嗣經我馳電相詢，趙君不願領銜，乃推廣東胡都督主稿，由江蘇程都督領銜電京。

奉天都督趙爾巽本是滿清重臣，曾經做過山西的巡撫，當宣統退位前，他是東三省總督，其力量幾與袁世凱相埒。袁世凱深知不釋趙之兵權，即難實現迫清帝退位，而國政自為之迷夢，所以經過頗費周折的運用，卒至撤銷了東三省總督，而任趙為保安會會長，才公開其倒清之舉動。趙之所以參加我們反中央集權的行動，我之所以提議推趙領銜，皆以此為前因。江蘇都督程德全在趙爾巽任東三省總督時，曾任奉天與黑龍江巡撫，其後調任江蘇，民元曾任孫大總統之內務總長，對革命頗表同情，是以亦參加我們這一反中央集權的行列。結果這一行動並沒有收到預期的效果，反益增中央對地方之疑忌。這是二次革命以前的一件事，亦可以說是二次革命的前因。

民國二年（公元一九一三年）二月正式國會成立，國民黨籍議員佔了最多的席次，政府國會之間果能真誠合作，則國家即已步入憲政坦途。乃不幸三月二十日本黨代理事長宋教仁先生被刺於上海車站，接著四月二十六日政府未經國會同意，又與五國銀行團簽立了二千五百萬英鎊的大借款合同。於是國會譁然，張繼首以參議院議長資格通電反對借款。及至眾議院選出湯化龍為議長，政府始將大借款案咨請國會備案，此時湯化龍雖合共和、統一、民主三黨為進步黨（黎元洪為該黨理事長），以與國民黨抗衡，並未能使國會通過此案。同時各省軍民長官並紛電責難，而江西都督李烈鈞，廣東都督胡漢民，安徽都督柏文蔚，反對尤烈。本黨對此問題之態度頗不一致，中山先生主張興師討伐，黃與先生主張循法律途徑解決。中山先生之主張係一秉為黨為國之大義，而黃與先生之主張亦係基於保全革命力量之苦心。武昌黎元洪副總統為平息政治風潮，提出宋案劃歸法律，靜候法庭解決，借款予以追認，而審計用途，頗獲多數省份的贊同。衡諸當時本黨同志所能掌握之武力，實不足以與袁軍抗衡，審時度勢，我遂一面聯合各省呼籲和平，一面連電黎副總統請其迅速領銜調處，雲南都督蔡鍔，陝西都督張鳳翽亦與我採相同之行動。

結果黎副總統之調處未見端倪，而袁總統於六月九日至七月一日先後下令罷黜李烈鈞、胡漢民、柏文蔚三督，且遣李純馳兵扼駐九江，赴贛之師又源源出動。斯時復值俄人嗾使庫倫內犯，綏晉首當其衝。我於憂憤之餘，特於七月七日上袁總統這樣一個電報：

北京大總統鈞鑒：竊錫山本一介此夫，罔知大計，濫竽民國，毫無建白。自宋案發生，適逢借款成立，人心搖動，訛言四起，憂國之士每慮南北水火，演成分裂之勢。錫山竊以為中國之患不在南而在東，南北雖兄弟鬩牆，可以理喻，滿蒙為強鄰虎視，必以力爭。溯武昌起義，各省響應，我大總統置身於兩疑之地，憂深慮遠，統籌兼顧，津京秩序得以保持，近衛師團翕然聽從，親貴財產不盡落於外人之手。馴至清帝退位，民國告成，兵家所謂全國為上，我大總統有焉。當事之方急，克強（黃興字）諸公馳驅戰地，危在疆埸，我大總統側身京師，慍於群小，其謀國也同，處憂患也亦同，今以一事之誤會，意見之微異，釀成同室之爭，但略予疏通，即可渙然冰釋。而環觀全球，外患叢集，積薪厝火，危不可言。東鄰野心，早暗視滿洲為己有，彼勝俄之後，猶不敢據領之者，實因俄有以牽之也，不得已與仇俄協約，意在平分。更有迫日本以不容緩圖者，即美國巴拿馬運河開通是也。菲律賓雖屬美之領土，實在日本勢力範圍之中，而日所以不敢取之者，以與俄戰後之元氣未復耳。美國亦知其終難和平解決，甚欲乘其元氣未復之時與之一戰，惟因巴拿馬運河未通，大西洋軍艦運輸不便，故遲遲未發。日本亦深知巴拿馬運河開通之後，彼在東亞勢力美必出而干涉，乘此運河未通，則攫我滿土，愈不容緩，特無隙可乘耳。今宗社黨盤據東省，與日人以可乘之隙，而日人乘機以接濟之，南北風潮疊起，又與宗社黨以可乘之隙，而日人又從中推助之。日政府非求好於南，而意實在滿也。若墮其奸術，則瓜分立召。東而滿洲將成朝鮮之續，西而新甘一帶多係升允（清陝甘總督）黨羽，倘出而號召，擾亂堪虞，北則蒙古煽動，中俄協約將成泡影，西藏喇嘛久蓄叛志，英人野心，其欲逐逐，而內地好事喜亂之徒，難保不乘機竊發。加之我國會匪遍地，群盜滿山，教堂林立，洋商麕集，一旦潰決，外人之生命財產將何以保持，勢必惹起列強干涉，國之不國瞬息間耳。言念及此，實堪痛心！推其由來，皆因木腐蟲生，疑忌之一念所致。伏思黎副總統倡義武昌，力維大局，我大總統與孫黃諸公締造民國，艱苦備嘗，推其初心，無非救國，而經營年餘，險象環生，堂堂神州，儻不亡於滿清，而亡於民國諸公之手，則天下後世將謂我大總統何？今者三督解職，足徵無他，望我大總統開誠布公，敦請係黃二公入都，共圖國事，破除黨見，一致進行，則內憂潛消，外患自滅。其亡其亡，繫於苞桑。民國幸甚！中國幸甚！山西都督閻錫山叩陽印。

本來李烈鈞對袁已有「遵令免官」的覆電，胡漢民亦有「請授赴藏方略」的表示（胡免粵督後，被任為西藏宣撫使），袁若不再相逼太甚，尚有策商餘地。而袁軍向李烈鈞等橫施壓力，李純部先在九江發動攻勢，李烈鈞乃於七月十二日在江西湖口宣布獨立。不數日，黃興響應於南京，陳其美響應於上海，安徽柏文蔚、廣東陳炯明、福建許崇智、四川尹昌衡、湖南譚延闓亦先後獨立，紛紛組織討袁軍，實行二次革命。長江流域獨武昌黎副總統與浙江都督朱瑞宣布保守中立。中山先生特發表宣告，促請袁氏辭職，以息戰禍。袁氏對中山先生的勸告置若罔聞，且用兵益急。結果因民軍部署未周，且與袁軍相較，眾寡懸殊，不一月間遭到了全面的失敗。

在這段時期中，中山先生深知山西處於北洋勢力包圍之中，形格勢禁，呼應為難，特秘密派人告我沉默勿言，以保持北方之革命據點，俟南軍北上，再與陝西會合，進攻北京。我剛奉到此指示不久，陝西都督張鳳翽給我一個電報說：彼已與我聯名拍發一電，反對李烈鈞等行動。我當覆電責詢其故，張答覆我說：此舉孫（指中山先生）可諒解。我才知道我所得到中山先生的指示，他亦得到了，以故未得我之同意而出此。這時李烈鈞亦有電給我，表示不滿，因李與我在士官學校同屋而居，交情甚篤，故他對此頗覺意外，經我覆電解釋，他才知道這原是一種未曾得他同意亦未曾得我同意的苦肉計。蓋當時北方諸省除我與張鳳翽外，餘皆為袁氏基本勢力範圍，張氏此舉，亦可謂為保存北方僅有革命力量的一種權術。

二次革命失敗之後，袁氏乘勢要求國會正式選舉總統，制定憲法。國會參眾兩院於十月五日聯合舉行憲法會議，即日先行通過總統選舉法，次日就進行總統副總統的選舉，第一二兩次投票，袁氏皆未及法定四分之三的多數，在第三次投票中，始以得票過半數當選，而黎元洪同時當選為副總統。天壇憲草因仍主責任內閣制，未能為袁氏所接受。國會尚在議憲過程中，袁氏於十一月四日假國民黨以主謀二次革命之罪名，而下令解散，並取消參眾兩院國民黨籍議員四百三十八人之資格。十二日又下令取消各省議會中之國民黨籍議員。

至是，國會參眾兩院悉以不足法定人數，不能開會，各省議會亦成癱瘓狀態，袁氏乃令組政治會議，研究解散國會及修改《中華民國臨時約法》兩大問題。政治會議先於民國三年（公元一九一四年）一月十日呈請袁氏解散國會，次又議定約法會議組織條例，由袁氏於一月二十六日公佈。約法會議於三月十八日開會，從事於修改臨時約法的工作，由袁氏於五月一日將修訂後的《中華民國約法》公布。這一約法完全採總統制，國務卿與各部總長均為大總統之僚屬，立法院議員由人民選舉，參政院參政由大總統任命。六月二十日袁氏召集參政院開會，二十九日又命令參政院代行立法院職權。在此制度下的中國，不只是高度的中央集權，而且是極度的總統集權了。自然軍民徹底分治，褫軍權於中央的宿意，更要積極的求其速逐了。

山西是民國伊始就實行軍民分治的省分，省行政首長為民政長。山西首任民政長為湖北周渤，其後為山西神池之谷如墉，河曲之趙淵，繁峙之陳鈺，其間我曾兼任一度，但為時甚暫。民政長之下，分設內務、財政、教育、實業各司，以分掌各項政事。全省接河東、冀寧、雁門、歸綏四道區，分置河東、中路、北路、歸綏四觀察使，（民國二年底將歸綏亦併入北路觀察使範圍內），以理察吏安民諸事。

省行政各司改廳最早者為財政部門，初改為國稅廳，嗣又改稱財政廳，均歸中央直轄，而受省監督。這也就是顯明的實行中央集權，將財稅權收歸中央的舉措。山西在國稅廳時期，廳長為袁永廉，曾記得有一次因民政長陳鈺不同意他的整個國稅計劃，即欲憤而回原。

我問了他的計劃以後，同他說：「你的計劃實在不錯，但你應計算計算，實行起來，恐怕卷房要佔半個太原城。」他從此自知難以實行而不再堅持其計劃，一場風波方告平息。國稅廳改財政廳後，第一任廳長為李祖平。我祖父青雲公民國三年（公元一九一四年）逝世，袁總統即派李氏代表致祭，因為當時財政廳長是在省的唯一中央官吏。

袁氏為進一步完成中央集權，曾欲廢省存道，使道與中央成為直接關係。這一計劃實施的初步，就是於民國三年五月二十三日明令撤銷各省民政長，改設巡按使，並改各道觀察使為道尹。巡按使雖然在事實上是接替了原來的民政長，但在名分上則不是行政官，而是監察官，特於委派之時，由中央分別明令賦以監督財政與監督司法之權耳。此制行之既久，即可逐漸做到廢省存道。

山西第一任巡按使金永是一個旗人，其人相當驕悍，是袁特別派來山西消滅民軍勢力的。金永到晉，初任內務司長，但一般人皆知其必主省政無疑，果於改制伊始，即實現之。當時中央為分各省都督之軍權，命各巡按使成立警備部隊，此令一下，金永在晉即積極成立警備隊，其數初為七營，繼並不斷增加，形成對我的甚大威脅。

中央集權的號一措施，就是撤銷民政長制之同時，亦撤銷各省都督之制，無論中央與地方將領，均授以將軍或上將軍官職。在中央者上冠一「威」字，駐地方者上冠一「武」字，駐東三省者，則上冠以「鎮安」二字，並分左右將軍。中央將領威字之上，並人各冠以不同之一字，如段祺瑞為「建威上將軍」，蔡鍔為「昭威將軍」是。地方將領武字之上，亦並分別冠以各該省軍事要地之地名中的一個字，如我當時的官戰即改為「同武將軍督理山西軍務」。山東都督則改為「泰武將軍督理山東軍務」，其他各省亦然。我的同武將軍的同子，是取了山西重鎮大同的一個同字，山東泰武將軍的泰字，是取了山東重鎮泰安的一個泰字。為什麼山西不取太原之名，山東不取濟南之名呢？這一字之差，其用意是很深遠的，那就是將來要讓山西將軍移節大同，山東將軍移節泰安，以軍政分地貫澈軍政分治。這時，北京特地設立了，一個將軍府，為軍事將領之大本營。名義上各省將軍之本職亦皆在將軍府，督理某省軍務只是一種兼職，袁氏於民國三年六月三十日的命令中即有謂「出則膺閫寄，入則總師屯」的話。其所以改行這一制度，就是要逐漸的將軍權完全收歸中央。

民初中國外交上首先遭遇的一件大事，就是《俄蒙條約》。俄國處心積慮，圖我外蒙，歷有年所，清宣統三年，外蒙各地受俄國脅持，已紛紛獨立，逐我官吏，驅我軍隊，俄使並曾向清廷提出蒙人自治與中國不得在外蒙駐兵，不得向外蒙移民之條件，清廷未予承認。民國元年，中國政府正擬進兵外蒙，維護我領土主權之完整，乃俄使照會：若中國進兵，俄當干涉，進而於十一月八日逕以《俄蒙條約》通知我外交部，公然將俄使前向清廷所提條件定入條約，俄國扶助蒙古編練軍隊，且在蒙古享有特權，政府雖嚴詞拒絕，亦屬無效。

我當時認為俄國乘我民國新建，力量未充，奪我主權，攫我領土，吾人斷不能坐視我版圖內之一部，不亡於前清專制之時，而亡於民國告成之日，無論外交折衝能否有效，均應以武力為其後援。否則侵略者將得隴望蜀，內蒙亦恐繼入俄手。特於十一月十三日電請中央准我親率馬兵一獨立旅，步兵一混成旅，屯駐包頭，相機進攻，萬一事機決裂，即佔據內蒙各盟旗，然後進窺庫倫。這一電報中，特別說明：「蒙疆係我完全領土，征伐自有主權。內蒙既固，則兵力財力胥為我有，俄雖狡猾，然為我國兵力所及之地，當亦無詞以難。即或派兵暗助，亦屬鞭長莫及。如此籌計，我既有最後之設備，彼亦將知難而退。」政府終以種種顧慮，不敢決征蒙之策，只循外交路線與俄使進行談判。

延至民國二年五月，俄國果嗾使蒙軍分東西兩路大舉內犯，晉軍駐包頭之劉旅，駐大同之陳旅，首先接戰，連電告急。我以北門鎖鑰，關係重要，又於五月二十七日電請親帶一混成旅前赴戰地，親督迎戰。中央以省防重要，坐鎮不可無人為詞，命我派孔庚師長帶隊應援。孔師長率部兼程北上，與綏遠將軍張紹曾部及我劉陳兩旅協力堵擊，敵勢始漸頓挫。

已而因政府對邊防軍事無整個決策，外交總長與俄使所商條件又為參議院所否決，敵恃俄援，進犯益急，朔邊各省，岌岌可危。一直延至熊希齡在進步黨的擁戴下入組所謂「名流內閣」，孫寶琦繼長外交，與俄使重開談判，締結中俄滌約五款，外蒙軍方退，邊患方息，而中國之對外蒙，從此亦只剩宗主權的虛名了。

民國三、四年間（公元一九一四——一九一五年）是中國最沉靜的時期，亦是袁世凱勢力最盛的時期。各省都督（後為將軍）之籍隸國民黨者，僅僅剩下我一個人，只有臨深履薄，以冀保持此一革命潛力。那時國民黨經過二次革命失敗與袁氏一再摧殘之後，組織頗為渙散。中山先生為重振革命精神，特於三年七月改組國民黨為中華革命黨，設總部於東京，並分遣同志回國策進黨務，以圖革命之再舉。斯時，袁氏力迫清除革命黨人，我對來晉同志力保他們身分的秘密，並曾託他們報告中山先生說：我當多方設法保持此一僅存之革命據點，至來晉同志，我決加意保護。中山先生曾囑我，與陳其美先生多取連繫。

三年七月歐戰爆發，中國宣布中立，日本乘間攻佔青島，進兵山東，並於四年一月十八日提出二十一條件，舉國聞之，咸表憤慨。然日本於五月七日提出最後通牒之後，袁總統於九日接受，並於二十五日與日本正式簽訂了喪權辱國的中日協約。本來日本久已蓄意侵華，我在日本留學時，日本小學中即以「我ガ滿洲」教其學生。民國建立以來，欺侮中國的帝國主義者，更以日俄英三國為首，日俄兩國暗訂秘密協定，劃分日本之勢力範圍為內蒙與南滿，俄國之勢力範圍為外蒙與北滿，英國對此亦予承認，以換取其在西藏自由行動之密契。這種種侵略行為的加諸中國，一言以蔽之，乃國人勇於對內，不圖自強，有以使然。「弱國無外交」，實在是值得我們警惕的。

我於四年二月應袁總統之召赴京述職，此時正是日本提出二十一條件不久之時，我見總統府秘書長梁士詒時，梁對我說：「總統準備三年後打日本，著我主財政，唐質夫（唐在禮字）主軍事。」我復詢諸唐，一如梁言。我對梁、唐都說：「兄等應該勸阻，不可將總統促居爐火。」他們雖同情我的看法，但他們以為內裡的人不好說話，最好由外邊的人說。我當時並不是不同意抗禦外侮，認為打日本須有能打勝的力量，否則輕言實足以招損。

我見袁總統時，曾特地向他陳述：我們應以備戰而止戰，以強兵而睦鄰，萬一因國家權利不得已而決裂，須切實有戰勝他國之把握。戰勝之要，不外完全之物質與良好之精神，前者可操戰勝權十分之三，後者可操戰勝權十分之七。所謂完全之物質，極軍要者厥為二事：一為軍械製造之進步，一為徵兵制度之實行。尤其徵兵一事，今世大陸諸國容有徵兵而不強之國，斷無不徵兵而能強之國，蓋非此不足明養一兵，暗收十兵之效，以故百政可緩，惟此為急。至實行手續則不妨漸進，且不難在軍政機關之舉措，而難在民政機關之籌備。民政籌備必須配合國民教育之普及，國民實業之發達，地方警察之完全，地方自治之實行，官吏職任之專一。所謂良好之精神，就是要養成最後十五分鐘之精神。此精神由人民忍苦耐勞之體力與捨生就義之心理合組而成，此二者之鍛鍊在軍中，其所以能受此鍛鍊之素養，則在民政。民政方面如何完成此良好之精神？一在國民武德教育，一在社會尊軍風尚。精神物質，兼營並進，軍力方可日強，國力方可日固，無論攻守，始能操必勝之左券。他聽了之後，囑我寫一文件提出。我回晉後即本我的主張寫了一個〈軍事問答〉，送呈採擄。

我此次晉京見袁為第三次。在我第一次晉京見袁時，他一見面就把我想要對他說的話他先說了，然後問我還有什麼話，使人再無可言。他這樣做的用意，無非是為使人佩服他處事的才智，實則被見的人會感到他是玩弄政治的手段，缺乏謀國的誠意。我辭出之後，谷如墉、賈書堂等幾位老先生問我對袁的印象如何？我說：英雄有餘，治國不足。後來聽到有人說袁氏內衣有很多口袋，分裝內外各方重要資料，對謁他的文武大員，在見面以前，就會從這些資料中預猜要說些什麼話。由我的親身體驗中，這話亦不無可信之處。

民初，山西有一個《大國民日報》，有一天的社論為「袁世凱閻錫山厥罪維均」，不幾天接到北京總統府秘書長梁士詒的一封公函說：奉諭著將山西《大國民日報》查封。我答覆他說：此報日日罵我，今更以大總統與我並罵。如僅罵大總統，我當遵命查封。我少年當政，此報不斷罵我，可以使我自警，更可借以警惕推翻滿清有功人員，蓋不少有功人員不免因恃功而驕，不守秩序，武斷鄉曲，若無此報，彼等更無忌憚，請轉稟大總統鑒諒！

袁世凱稱帝過程中我的處境與觀感

民國三年（公元一九一四年）修改約法以後，袁世凱事實上已成為終身總統，且繼承人亦由他自己提出，實在想不出他還有什麼稱帝的必要。就當時的蛛絲馬跡觀之，促成袁世凱稱帝的，有五種人：一為袁氏長子克定，意在獲立太子，膺承大統。一為清朝的舊僚，意在爾公爾侯，謀求子孫榮爵。一為滿清的親臣，意在促袁失敗，以作復清之地步。一為副總統黎元洪之羽翼，意在陷袁不義，冀黎得以繼任總統。一為日、英、俄三國，意在促中國於分崩離析，永陷貧弱落後之境地，以保持其在中國之利益與東亞之覇權及瓜分中國的陰謀。當時見他的有關的這些人，都是以勸進帝制的話包圍他，我曾對有些熟朋友說：你們是要將大總統促居爐火。可以說慫恿帝制的人，很少是主張關係，大多數是為富貴利祿所驅，或者是另有別圖。其中最足使袁動心的因素，是日本強力主張改行帝制。這多少因素將袁毀了，但說到底，總不能不怨袁認識不夠，判斷不夠。

至袁氏帝制失敗之主因，一則是違背了時代的潮流，激起憤怒的民氣。一則是他的親信諸老「怏怏非少主臣」，誰亦不願再做袁克定的臣屬。

袁氏帝制運動期間，全國起義省份除山西之外均已消滅，山西成了舊軍閥的眼中釘，報告袁氏山西必反，威嚇之函電日有數起，勸導之來人連袂不絕，最後袁氏特派他的一個姪子常川駐晉，監視我的行動，及至帝制失敗，始由太原離去。此人酷嗜賭博，日夜打牌，一反袁氏指賭博為「牧豬奴戲」之諭示，我曾打算令警察將其查扣送京，谷如墉、劉篤敬等幾位鄉老力勸我投鼠應該忌器，方始作罷。

在這一段時期中，全國民軍勢力均被袁氏摧毀，為什麼我未被罷黜呢？就我的瞭解：第一、當他的帝制運動開始的前夕，我的部隊已被裁編至一個旅和兩個獨立團，全部不到七千人，而他的心腹巡按使金永的警備隊已有十一個營，其力量足堪與我抗衡。第二、山西在他北洋軍隊四面包圍之中，與東南沿海各省不同，不可能對他作惡意的反抗，只好善意勸告。第三、對我不罷黜，尚可以作一個保全民軍省份的幌子，使不深知內情的人還認為他有兼容並蓄的度量。第四、使我的革命同志對我發生誤解，以為我已放棄了革命立場。在這種情況下，反對無益，徒足招損，故我始終一本中山先生所示以保持北方革命據點為重的原則，對袁氏虛與委蛇。四年九月奉天上將軍段芝貴領銜致袁請速正帝位的電文中，列有我的名字，我未表反對，十二月袁封爵的命令中，封我為一等侯，我亦未曾辭爵。

帝制運動最熱鬧的時候是民國四年（公元一九一五年）的後半年，八月古德諾的〈民主不適於中國論〉在《亞細亞報》發表後，楊度、孫毓筠、嚴復、劉師培、李燮和、胡瑛等所謂六君子，即組成籌安會，大為鼓吹君主立憲，此為帝制運動的正式開始。楊度是個反對滿清的人，他在日本時曾有兩句名詩：「仗劍西望淚滂沱，胡運炎炎可奈何！」但他是一向主張君主立憲的。遠在籌安會成立之前三月，他就撰有〈君憲救國論〉。劉師培是個左傾學者，他參與籌安會，並非主動，他有一次曾到山西，但始終未勸我贊成帝制，因他與我的警務處長南桂馨私交甚篤，經南介紹，我對他談話較為懇切。我曾告訴他說：「今日大勢所趨，世界各國均向民主途徑轉變，中國民主力量雖尚在萌芽時期，但亦是日長一日，諸君子出謀籌安，固有苦衷，然逆勢亦當顧慮。」他對我這話未表贊成，亦未表反對。

籌安會幕後操縱者主要為袁之長子克定。袁克定為實現繼承帝位的迷夢，曾特地為他父親專印了一份偽版《順天時報》，內容與一般人看的《順天時報》迴異，其中臆造了多少勸進擁戴帝制的消息，以堅他父親稱帝之意。

據瞭解內幕的人說：與袁克定暗中同謀者，除楊度之外，另一要角為梁士詒。因民國三年徐世昌出任國務卿後，袁世凱曾應徐之請免去梁秘書長之職務，另設內史長以代替之。同一時間，袁又成立了一個平政院，頗似現在的行政法院，平政院中有一個肅政聽，內設若干肅政使，如同清朝的御使，肅政廳於民國四年提出一個五路大貪污的彈劾案，梁為交通系領袖，此案與其關係頗大。梁此時正處於最尷尬地位，為轉移視線，乃出奇制勝，勸進帝制。初勸袁未之答，繼通過袁克定勸之，袁亦無表示，最後以極迷信的話語袁氏謂：袁氏先氏歷代相承都沒有能活到五十九歲的，（是時袁氏已五十七歲），應以絕大喜事相沖，袁方首肯。於是美籍顧問古德諾之〈民主不適於中國論〉與日籍顧問有賀長雄之〈日本立憲而強〉的論調相繼發表，籌安會宣告成立，梁氏亦於九月十九日組成全國請願聯合會，向參政院舉行所謂「變更國體」總請願。

此外當時慫恿帝制最明朗而積極之文武大員，各省疆吏以奉天上將軍段芝貴為首，中樞大員以內務總長朱啟鈐為首。段芝貴脅持各省通電請袁速正大位於前，又復聯合東北首長孟思遠、王揖唐、朱慶瀾、張作霖等力諫中央討伐唐、蔡於後。朱啟鈐密電各方策商帝制於前，又復主持所謂登極大典籌備於後。這一段時期，我所收到有關帝制的電報中，除統率辦事處者外，即以段芝貴與朱啟鈐領銜者為最多。

統率辦事處是在袁氏親自主持下發縱指揮全國軍隊的機構，他成立這一機構，理論上是為了負起「大總統統率全國陸海軍」（當時中國尚無空軍）的責任，實際上這一機構不只代替參謀部職權，而且亦代替了陸軍部的大部職權，兼任參謀總長的黎元洪對此雖無計較之心，而號稱北洋三傑之一的陸軍總長段祺瑞則不能沒有不快之意。加之袁克定編練模範團與慫恿帝制之舉積極配合，段乃由不到部辦公而請假養疴，而正式辭職。

統率辦事處的要角陳宧，是黎參謀總長的次長，袁對之倚畀特殷。民國四年二月袁為安定西南，命陳以會辦四川軍務名義，率李炳之、伍禎祥、馮玉祥三旅入川，六月間准四川將軍胡景伊入覲，陳繼其任。陳宧於離原赴川前同三旅長謁袁辭行謝恩，一見面就向袁曲膝叩首，袁驚異著說：「現在國家共和，不可如此。」陳以最諂媚的言詞說：「元首雖以大總統自居，而全國官民則皆奉為皇帝，元首一日不實行帝制，臣此去即一日不復返。」迨至袁氏稱帝失敗，陳始則致袁江（五月三日）電請其退位，繼則通電與袁斷絕個人關係。說者謂袁氏之死，受陳宧刺激最大，亦不能謂為無稽。

於袁氏稱帝意猶未堅之時，其親私慫恿之術，可謂無所不用其極。有一次他的左右曾買通他的身邊侍從，在他清晨未醒時，將他最喜愛之玉杯拋至地上，打得粉碎。袁醒詢其故，這位侍從說：剛才擦拭桌椅時，看見床上躺著的不是大總統，是一條龍，我大吃一驚，就把玉杯摔破了。袁當給以巨款，令其回籍，並堅囑不得以此語人。

長江巡閱使張勳是口口聲聲不忘舊朝的一個滿清舊臣，同時亦是贊成袁氏帝制之死硬派，由於他自己和他的軍隊一直保留著頭上的辮子，不肯剪去，所以袁氏始終對他有「帝其所帝，非吾所謂帝也」的顧忌，為此他曾明白通電表明他矢志擁袁的心跡。但在帝制運動白熱化的時候，張勳突然電請袁氏效舜禹之對唐虞，勿廢宣統帝號，維持清室優待，於是袁氏原擬封溥儀為懿德親王，君臣互易之舉，乃不得已而中止。

袁氏決意稱帝之後，奉命代行立法職權之參政院遂決議選舉國民代表，解決國體問題。民國四年十月間，各省國會代表先後選出，北京辦理國民會議事務局乃規定十月廿八日起至十一月廿日止，為分省決定國體投票日期，票面悉印「君主立憲」四字，投票時贊成者寫贊成二字，反對者寫反對二字。投票結果，代表人數一九九三名，贊成票亦為一九九三張。接著由國民代表推戴袁氏為中華民國大皇帝，並委託參政院為國民代表大會總代表，恭請大皇帝正位。十二月十二日袁氏下令承認帝制，並於同月卅一日明令改陽五年為洪憲元年。

日本原本慫恿帝制最力，袁氏受其影響亦最深，比及國體投票正式進行之時，乃一反以前態度，英、俄亦復如此，其心叵測，概可想見。日本皇室為慫恿袁世凱積極稱帝，曾向袁示意，日本的施為向以中國為嚆矢，中國的民主實足以動搖日本皇室萬世一系之基礎。今日勸中國恢復帝制，不僅為中國，抑且為日本，中國如廢共和而行帝制，日本以帝國而扶助帝國，自屬名正言順，當可共存共榮。若仍續行共和，自非日本帝國所願，今後一切，難望援手。北京統率辦事處給我們的世（十月卅一日）電中曾說：「大隈首相屢次宣言謂：『中國宜改國體，如內無亂事，日本決無可干涉之理。』又對我陸駐使（陸宗輿）密談：請中國安心做去，日必幫忙。英使朱爾典，因主座謙抑曾面謁勸進。俄使於十三日接政府訓令復電稱：俄願即行承認大隈於十八、二十等日演說，亦謂：中國改革，不致內亂，外交方面頗稱順適。不意日本新外交大臣石井到任，意欲見好於野心派，主張託詞中國上海長江一帶恐有內亂，以好意勸告中國暫緩改變。」旋接該處江（十一月三日）電說：日本代理公使小幡西吉約同英公使俄公使於十月二十八日（國體投票開始之日）赴外交部，勸告將實行帝制之計畫暫為延期。此時袁氏及其左右勢將騎虎，自然不會接受。由此我深深感到當國不去滿足自身慾望的貪心，不只要惹國內的不容，並且要受國際的愚弄。平心而論，不能說袁世凱不是聰明一生，糊塗一時，致成身敗名裂。

袁氏稱帝，其親近諸老如徐世昌、段祺瑞、馮國璋、王士珍均不表同情。徐世昌時為國務卿，在一次會議中，袁氏對帝制問題問到他時，他背向後仰，默而無言。段祺瑞於辭去陸軍總長後，居家養痾，據說袁曾給他派了一個廚師，他不只不敢用道個廚師為他做飯，連他如夫人亦不敢用，每餐均由其原配夫人親自烹飪。王士珍雖然繼段為陸軍總長，實則當時陸軍部的職權大部為統率辦事處所代替，陸軍部已成了一個閒散機關，故王亦閉門不出，以避煩擾。馮國璋是與英國公使朱爾典同被袁氏親口宣稱為擁護帝制者，但從其嗣後行為觀之，則大不然。

民國四年六月間馮與梁啟超相偕晉京。馮謁袁時，談及南方對帝制的傳言，叩詢袁的真意，袁曾對他說：「我現在的地位與皇帝有何分別，所貴為皇帝者，無非為子孫計耳！我的大兒子身有殘疾，二兒子想做名士，三兒子不達時務，其餘都還年幼，豈能付以天下重任？何況帝王家從無善果，我即為子孫計，亦不能貽害他們。」馮說：「不過到天與人歸的時候，大總統雖謙讓為懷，也恐怕不能推掉。」袁正顏厲色的說：「這是什麼話！我有一個孩子在倫敦求學，我已叫他在英國購置薄產，倘有人相逼太甚，我就把那裡做我的菟裘，不問國事了。」馮出而告段說：「你放心好了，大總統絕不會做皇帝。」馮將此話告梁，梁聽了說：「我亦相信他不會那麼傻。」但馮南下不久，籌安會忽然大肆活動起來，因此馮十分懷恨袁對他不能推誠相見。這只是舉馮之一例，徐、段、王當亦有相類的感受，以袁氏之聰明，也當然深知他們都希望繼承總統，不希望實行帝制，故對實行帝制的話，未公開前，對他們有些保留。但越是這樣，起的反作用越大。所以我認為袁氏帝制之覆滅，除討袁之革命力量為外在因素外，其親近諸老之「怏怏非少主臣」，實為一大內在因素，而此二因素又隱約間不無彼此響應之關係。

當蔡鍔悄然潛離北京，返歸雲南的時候，中華革命黨總部亦正派李烈鈞等到達雲南，策動唐繼堯起義討袁。唐繼堯通電討袁之前，曾電南京馮國璋，以察其意，馮覆電說：「國璋老矣，國事全在諸君。」唐接獲此電，方於十二月廿五日成立護國軍，宣佈起義。蔡鍔率師北進，與對方曹錕、張敬堯軍戰於四川、重慶、瀘縣、宜賓之間，一則後方彈藥不濟，一則曹、張軍頑強抵抗，蔡軍因糧彈不濟，已入困竟，因其參謀長與張敬堯有舊，乃派其前往試謀停戰，張彼時亦不願打到底，因打到底，袁即成功了，蔡提出停戰，正合張意，乃允其請，但提出袁倒之後，蔡須出面擁段，以此密契為停戰之條件。起初蔡不願承認，後經人勸說段之出處並非一擁可定，何必斤斤計較於此，蔡始權予承認。比至袁氏薨折，蔡鍔果與張敬堯等聯名拍發庚電，主張由段出任總統，以挽危局。

從這兩件事可以說明馮、段當時之心情與對袁氏帝制之影響。若不是馮有暗示，蔡、李等到雲南亦難迅速舉起義旗。若不是段不同情帝制，唐、蔡等舉起義旗，亦難保不遭挫敗。我所以獲知此種內幕，是因為李烈鈞、唐繼堯均與我為日本士官學校同期同學，且一向過從甚密，這些情形，他們與我有多次的電報往返。

蔡鍔原雖為立憲黨，且與梁啟超有師生之誼，但其在日本時即對革命深表同情、我與蔡氏相識甚淺，而相知頗深，他居京期間，曾力示墮落，以圖避禍。當他離京前不久，特託士官同學（我的參謀長）李敏之攜何紹基所書繡屏四幅繡聯一付贈我。聯之上隻為「雅量風清兼月白」，下隻為「高情澗碧與山紅」。我問李敏之說：「松坡（蔡鍔字）還說什麼沒有？」李答：「沒有。」我說：「你不要將此事告人。」李問我何故？我說：「將來再說。」比至蔡已離京，我才告李敏之說：「松坡以屏聯贈我而無言，我就知道他已決定離開北京，當時不讓你告別人說，是怕機警的人識透其意，密奏袁知，致他不能成行。」

雲南將軍唐繼堯、巡按使任可澄，與蔡鍔、戴戡（與蔡同時返滇者）通電討袁之後，各方反應頗不一致，有的馳電詰責，有的奏請申討，有的策商調處，其態度最緩和，持論最謹慎者，為南京宣武上將軍馮國璋，他反對多所電責，更反對輕言對伐，其沁電中曾謂：「倘詰責之文電紛馳，則觀聽之惶惑易起。」又謂：「倘討不能行，行不能果，中外耳目所屬，或且群致揣疑，竊恐擾攘之憂，將不在一方面而在全局，再四審度，關係非輕。」而馮所反對的，正是以朱啟鈐為首的大典籌備處指示各省一致主張的。

推馮國璋領銜忠告，策商調處之議，原係陝西將軍陸建章最早提出的。緊接著貴州護軍使劉顯世（唐、任、蔡、戴討袁通電原曾列團之名），一面否認唐等通電渠曾列名，一面表示贊同陸議，以維和平。我當即馳電各方，對睦劉之議表示贊同。旋貴州巡按使龍建章等又主張國體重大，應再召集國民會議公決。無如慫恿帝制者不知悔悟，對劉顯世、龍建章之建議公然指斥，而外間疆吏如徐州巡按使張勳，廣東上將軍龍濟光，湖北上將軍王占元，安徽將軍倪嗣冲等尤多昧於時勢，與段芝貴等同持討伐主張，並促馮國璋主稿電京，馮在此情勢下，亦只好在表面上一反其初衷了。

雲南起義以後的三數月間，醉心帝制者流，仍在力促袁氏早日登極，而袁氏則懾於國內外之趨勢，徘徊未敢出此。果然護國軍經過三個月的苦戰，李烈鈞所部在滇桂交界處擊敗粵軍龍濟光，廣西上將軍陸榮廷應約宣佈獨立，貴州方面亦公開繼滇而起，袁氏方於三月廿二日明令撤銷帝制，然仍戀棧大總統，而不肯引退。說者謂袁氏能以撤銷帝制，尚未執錯到底，然撤銷帝制後，猶不肯放棄總統，可謂不識進退，我認為這是至當的批評。

袁氏撤銷帝制之後，滇、黔復提出總統退位的請求，接著廣東上將軍龍濟光在革命軍勢力的脅迫下宣佈獨立，浙江將軍朱瑞在軍民的事變中突告失蹤，馮國璋乃於四月十八日提出八項條件，以圖息爭。這八項條件是：（一）袁大總統仍居其位，實行責任內閣制度。

（二）慎選議員，開設國會。（三）明定憲法，憲法未定以前，適用民國元年約法。（四）懲辦禍首。（五）各省及中央軍隊須以全國軍隊按次編號，不分畛域。（六）去冬之各省將軍巡按使悉仍其舊。（七）滇事後派赴川湘方面北軍全行撤回。（八）開赦黨人。據馮的巧電中說：這八項條件未向各省電問以前，他已秘密商得黎元洪、徐世昌、段祺瑞、王士珍以及蔡鍔的同意，於是大多數省份均復電表示贊成。正在策商期間，北京以段祺瑞為國務卿的所謂責任政府於四月廿三日宣佈組成，而蔡、唐諸君又馳電堅持請袁退位，馮乃對原條件略加修正，要在使袁暫負維持責任，迅籌國會銳進辦法，一俟國會開幕，即行退職。馮電甫行發出，四川將軍陳宧與川邊鎮守使劉銳恒亦相繼電請袁氏退位。此時，馮國璋、張勳、倪嗣沖聯名邀請各省包括南軍滇、黔、桂、粵各省選派代表赴南京開會，商決大計，徐世昌、段祺瑞、王士珍亦有電贊同此舉，我乃派崔秘書廷獻代表前往。

南京會議於五月十七日開始，因袁氏曾電馮、漲、倪表示自願退位，囑與各省妥籌善後辦法，於是首先討論的就是總統退位問題，南軍代表主即退，張、倪派主不退，馮派主緩退。商討未獲定論，而獨立省份日益增多。此時除滇黔桂三省外，廣東龍濟光，浙江屈映光（將軍朱瑞失蹤被舉為都督），已於四月間形式上宣佈獨立，陝西陳樹藩（驅走陸建章者），四川陳宧，湖南湯薌銘亦於五月間先後宣佈獨立。張、倪堅主以南京全體會議名義挽留袁氏，因馮不願出此，會議迄無結果，而袁氏於六月六日因病逝世。馮在這一階段的手法，有相當收穫，那就是因此造成袁死黎繼，他取得副總統地位的有利情勢。

袁氏所派的山西巡按使金永有一次曾開了一個已過曾參加革命者的名單，內有谷思慎、續桐溪、弓富魁等卅餘人，咨我扣捕，交他審訊，我於扣捕以前都密告他們跑開了，以是金永對我深表不滿。到了袁氏帝制運動末期，金永猶以他的十一營警備隊的既有力量為未足，又請准中央在東三省招募鬍匪，以壯其勢，我對他這種不惜擾民以逞的舉措，一再電京反對，此批鬍匪方未來晉。金永對袁氏曾上了一個很厲害的奏摺，詳敘我在山西不利於袁之種種措施，其結論大意為：北方最不安於袁政者，為山西之民軍勢力，若不消滅山西民軍勢力，則我將配合反袁軍事，由平綏路進攻北京，欲消滅山西民軍勢力，非將我撤職，無以為濟。此奏摺到袁氏手中時，袁已病篤，臥床而閱，未及看完，奏摺即掉於地下。當時徐世昌、段祺瑞在袁病側，勸其病愈後再為處理，袁氏從此即一病不起。此段事係段親自告我者，當不為虛。段並曾對我說：如果項城那時看完這個奏摺，一定要撤你職，下令討伐你。

我事後想到一件事的因果關係，種下什麼因，即要結什麼課。袁世凱改行帝制有因，國人起而推翻帝制亦有因。辛亥革命推倒滿清統治，由於同盟會自身力量不夠，借重了漢族疆吏力量，其結果即種下漢人皇帝之因。幸而中國文化是民本文化，孟子所說「民為貴，社稷次之，君為輕」的道理深入人心，民生很合乎民本的心理，故一經變君主為民主，絕大多數的人誰亦不願再倒退回君主的窠臼，以故袁氏稱帝卒遭到全國人民的唾棄。

闓公錫山傳略

閻公名錫山，字伯川，中華民國紀元前二十九年（清光緒九年公元一八八三年）生於山西省五臺縣河邊村，地處滹沱河南岸，文山之麓，居民近千戶，風俗醇厚。先世於清初由陽曲遷居於此，代以農商為業。祖父龍雨公樂善好施。父子明公，性弘毅，有遠識，皆負鄉黨重望。公生時國父孫中山先生年十八。馬克斯歿。德奧義三國同盟成。劉永福收復河內。上海初設機器工廠。正當世運嬗變之機。公六歲喪母，育於同村外祖曲公在左家，外祖母王氏甚鍾愛之。七歲入小堡私塾，師曲近溫教讀《論語》、《孟子》、《大學》、《中庸》及古文等等。十歲回家，改入大堡私塾，師曲本明教讀《詩經》、《書經》、《易經》、《禮記》、《春秋》及《綱鑑》等，並學八股文。十四歲時，嘗因激於義憤，打抱不平，父老大為驚異。年十五因家境關係，助太公經營商業於五臺縣城之積慶長商號，每以所見事之得失，人之誠偽，隨時建議太公，初不重視，然屢有所驗，既而多垂詢之。是時常看知縣審案。又常至崇實書院與康佩珩（字子韓，五臺人，後與公同留學日本，加入同盟會）等遊談。好觀戲，對其情節每詳為研究。十七歲又入村義學，師曲本明繼教溫經史，選讀子書，特注意研究程、朱、陸、王之異同。公摘抄古聖賢修己治人之名言要語，自題曰《補心錄》。十八歲被村人舉為糾首（略同現時村長），適值庚子（清光緒二十六年公元一九〇〇年）義和團之亂，清政府軍甘肅馬玉崑、董福祥所部開赴龍泉關，路經河邊村，公與長者慮有滋擾情事，即私取繼母陳太夫人首飾出售，用以糾集壯丁，持刀矛及土槍農具以自衛，村民賴以未受擾害，陳太夫人始終未加責言，村人以母義子勇稱之。公並親身試驗義和拳之真象，察其為妄，宣告於眾。八月八國聯軍陷北京，清西太后挈光緒帝出奔。翌年秋訂《辛丑條約》，國勢大挫。公雖年未及冠而對社會不平瞭解頗深，更感於清廷政治窳腐，軍事失利，外交無能，遂萌改革社會，挽救危亡之大志。

公年十九，元旦稟於太公曰：「從事農工商畢生志慮所及，辛苦所圖者，多不出乎家室之謀，鍾釜之計，欲有為於時，有益於人，若不繼續讀書求知，無以成己，遑論成物。」於是隨父步行赴太原，不久考入武備學堂，學三年，成績優良，國文一課，每為同學一百二十人之冠，甚為主持人李廷颺（山西渾源人，清進士）器重。二十二歲（清光緒三十年公元一九〇四年）為清政府選送日本學習陸軍，肄業東京振武學校二年有半，弘前步兵第三十一聯隊實習一年，東京士官學校兩年，連續攻研五年餘。在士官學校與李烈鈞（字協和，江西武寧人）、唐繼堯（字蓂賡，雲南會澤人）、李根源（字印泉，雲南騰衝人）、朱綬光（字蘭蓀，湖北襄陽人，後為公之參謀長）諸友好，分析時事，研究革命，對於學校課業，則多用不甚措意，每試輒以意為之，如數學一科，雖不按公式，道理能通，得數亦能對，獲得及格分數。

當公預備赴日時，太公教讀徐繼畬（號松龕，山西五臺人）所著《瀛寰志略》，藉知世界大勢，胸懷為之廓然。臨行山西巡撫張曾敭及藩臺、臬臺、學臺、道臺五大憲對留日學生諄諄告誡，謂：「朝廷資送留學日本，應專心學習，以圖報効，萬不可接近革命黨人，聽信邪說，誤入歧途。」並對國父，妄加詆毀。及由天津乘日本輪船後，見其一切設備整潔，員工各盡其職，人少事理，言動謙和有禮。到日本後，時以「日本何以國小人少而強。中國何以國大人多而弱？」縈迴腦際。又值日俄戰爭，日勝俄，其勢力伸入我東三省。間嘗翻閱康有為（號長素，廣東南海人），梁啟超（號任公，廣東新會人）主持之保皇黨所出刊物，益知清廷之腐敗無能，然每投之而漢曰：「保皇黨豈足以救中國？」時國父在日倡導革命，公常趨謁，獲聆革命宗旨，大為悅服，即毅然參加革命運動。公曾追述在歷次集會中國，國父指出中國積弱的原因，在「中國傾於保守，故讓西人獨步。」「中國從前之不變，因人皆不知改革之幸福，以為我中國之文明極盛，如斯已足。」主張以三民主義救中國，並要「將政治革命同民族革命並行，實行民族革命政治革命的時候，須同時改良社會的經濟組織。」認為「社會問題，在歐美是積重難返，因中國還是幼稚時代，要防止是很容易的。」「我們須先思患預防。」要將三個革命同時並舉。國父更進而指示我們：「救國家要從高尚的方面下手，莫先取法乎中間，以貽我四萬萬同胞子子孫孫的後禍。」「若我們今日改革思想不取法乎上，則不過徒救於一時，是萬不能永久太平的。」並謂：「決不要隨天演的變更，定要為人事的變更，其進步方速。」公因之革命情緒益高，意志益堅。

公並言：「由此可以說明政治不可失時，若不能適合時代的需要，一定要被時代所拋棄。清末百年之間，中國與世界交通，事事相形見絀，國勢日衰，成為列強瓜分的對象，應改革而不改革，能進步而不進步，使愛國之士，認滿清政府是亡國的因素，救國的障礙，國人的目標全集中在推倒滿清政府，即其所培植的人才，皆成為推翻其自身的力量，遂致有「戊戌立憲，萬世帝王，癸丑立憲，國破家亡」之批判。國父以先知先覺的德慧，高瞻遠矚的眼光，站在時代的前邊領導革命，遂能一呼萬應，全國向心，不久實行推倒滿清，建立民國。此一為違時，一為適時，違者即亡，而適者即興，其理至為明顯。迨同盟會成立（清光緒三十一年公元一九〇五年），率先加入，即奉「驅除韃虜，恢復中華，創立民國，平均地權」為誓願。並即介紹趙戴文（字次隴，山西五臺人，後任第四旅旅長，內政部長，監察院長，山西省政府主席）、康佩珩、趙三成（字恭安，山西五臺人）、徐翰文（字西園，山西五臺人）等加盟，遂以全付精神，貫注於革命理論之探討與實際工作之進行，不惜犧牲一切，爭取連繫革命同志。其後感於革命須冒險犯難實踐之責，須由軍人負之，奉國父指示取《孟子》「富貴不能淫，貧賤不能移，威武不能屈」之義，與同盟中之學軍事者組織鐵血丈夫團，參加者二十八人，後各省領導革命軍起義之中堅人物，如黃郛（字膺白，浙江人），李烈鈞（後為江西都督）、張鳳翽（字翔初，陝西長安人，後為陝西都督）、羅佩金（字鎔軒，雲南淦江人，後為四川都督）、孔庚（字文軒，湖北人，後為晉北鎮守使）、溫壽泉（字靜菴，山西洪洞人，後為山西副都督）、喬煦（字子和，山西陽曲人，後為旅長）、李書城（字翰圜，湖北人）、張瑜（字玉堂，山西五臺人，後為山西都督府參謀長）等多屬之。公在此期間，草擬革命軍操典，注重軍隊編制之改善。革命軍戰法，注重夜戰。

民國紀元前六年夏（清光緒三十二年公元一九〇六年）奉國父命，偕趙戴文返國，布置華北革命。回晉三月，旅行於雁門關、五臺山一帶，秘密考察雁門關內外形勢，擬在五臺山建立革命根據地，居家僅五日。當回國之時，與趙先生由東京各攜炸彈一枚，經上海海關時，願將趙先生所帶炸彈移於己身，語之曰：「如被檢查出，我一人擔之，你可不承認與我為同行之友。檢查時我前列，你住後。」趙曰：「我在前，你在後。」公曰：「我站在後，有畏懼檢查之嫌，反易被人注視，仍以我在前為宜。」檢查員果前疏而後嚴，遂得安然渡此難關。復語之曰：「事到危難宜放膽，愈危難，愈不可畏縮。畏縮反易啟人生疑。」嗣又偕赴日本。趙先生受公偉大精神之感召，畢生贊襄革命，精誠無間。

民國紀元前四年（清光緒三十四年公元一九〇八年）春二月二十五日，黃興（字克強，湖南長沙人）入欽州，公聞訊，喜而不寐，欲親往參加，次日請假，校方力阻不果行。明年公二十七歲（清宣統元年公元一九〇九年）畢業返國。歸途繞道朝鮮，經漢城，見朝鮮人任高級官員者，往來官署，多循牆俯行，且屢向後窺視，狀如鼠之畏貓。日本人上下車馬，以朝鮮人為足蹬。入旅館後，朝鮮籍記者來訪，知公為中國人，欲書而止，含淚而別。至平壤見一嶄新大樓，獲知為妓女學校，深感亡國之民，其生命、財產、人格、廉恥均不得自保。辛亥革命後，即提出「亡國之民，不如喪家之狗。救國要在國未亡之前努力。」標語。並組織朝鮮參觀團，以馮曦（字子和，山西代縣人，後為山西省政府考核處長，綏遠省建設廳長）領導前往考察其亡國慘狀實況，以所得慘痛事項，編印《朝鮮見聞錄》，印發全省，普遍宣傳亡國之可怕，喚起人民愛國熱忱。公返國後，初任山西陸軍小學教官三個月，升任監督。清廷舉辦留學生朝考，中舉人，回晉，改任陸軍第二標教官。明年第二標改為八十六標，升任標統。時與趙先生、張瑜、張樹幟（字漢捷，山西崞縣人，後任晉北鎮守使軍法分監）、南桂馨（字佩蘭，山西寧武人，後任山西警備處長，天津市長）等革命同志，深夜密計，始則藉訓練新軍，組成模範隊，秘密培植革命部，繼又成立「辛亥俱樂部」，以研究學術為名，團結革命同志，鼓勵起義。先謀由王建基（字弼臣，山西五臺人）、徐翰文赴歸化，俟秋丁祀孔時，與在并同志用炸彈同時分炸綏遠將軍與山西巡撫。嗣改變方略，從運動軍隊入手，造成推行起義革命武力。

辛亥（清宣統三年公元一九一一年）九月初八日（公元十月廿九日，後定為山西光復紀念日，道為公之生日）領導三晉軍民，首舉義旗，響應武漢，光復山西，奠定華北革命基礎，時年二十九歲。公原以起義後，必攻撫署，本擬對巡撫陸鍾琦只可拘留，不制死命。唯時撫署破，陸氏正衣冠，立三堂，其子光熙侍側，謀解危。陸則拍胸大聲曰：「我陸鍾琦也，君等必欲起事，可先照我打。」父子遂死於亂槍中。公謂：「清政府雖失領導，而封疆大吏，仍多能保持節義，如陸氏父死其君，子死其父，以其戰位言，可稱忠孝。立場雖不同，人格無二致。」命妥為收葬之。

當公攻破撫署事稍定馳標統所，突有第一標第三營營帶熊國斌率隊來急入見曰：「特來保護標統。」公素悉熊為巡撫派，知有異，應聲曰：「好，汝即今架槍集合，我出講話。」熊出而又急入曰：「槍已架好。」然神色有異，公即以手槍斃之室內，乃挺身而出，大聲謂：「熊管帶反革命，已予槍斃。你們架槍，贊成革命者留此。」留者二運，餘散去，公得無恙。後偵知實係受清吏指使圖害公者。公晚年曾謂：「自獻身革命以來，有八次自分必死而未死場合，此其一也。」時趙先生語公曰：「市面有亂兵為禍人民。」公即馳馬簡從巡視，手刃搶劫者數人，秩序賴以迅速恢復，太原遂定。

太原光復，山西諮議局及軍政代表舉公為山西都督。溫壽泉為副都督。公即席講演：「今天太原雖然按計畫光復，但不可認為已經成功。因革命如治病，大家在已過等於醫校的學生，現在才是臨床的醫師。亦可謂現在才是革命的開始。孫總理原告我待革命軍到河南，山西再行動。今提前舉義，對全局好處固多，而我們遭遇的困難實甚大。願與諸同志本高度的革命精神，徹底奮鬥，先求固守。」繼在文武職員集會時說：「凡只為人謀，不為己謀，成功固是成功，即失敗亦是成功，此聖賢所為也。凡為人謀，亦為己謀，成功是成功，失敗即失敗，此豪傑所為也。凡只為己謀，不為人謀，失敗固失敗，成功亦是失敗，此糊塗人所為也。吾輩當勉作前者，忌作後者。」又在同志集會時說：「盡人事聽天命為社會一般人普通道理。革命同志應具有『謀其事之所當為，盡其力之所能為，天命與人事何分？』的意志，革命同志不應在盡人事上還要聽天命。」公謂：「當時一日中在三個場合，作三段講話，及今思之，猶歷歷如在眼前，如在口邊。」

旋與清廷駐石家莊之第六鎮統制吳祿貞將軍（字綬卿，湖北雲夢人，同盟會會員，清新任命為山西巡撫）晤於娘子關。公雖在山西都督就職大會上說，要先固守山西，但又以山西地勢險固，人民殷富，對北京政府影響至大，如能出兵正定，既固山西之門戶，並可斷絕平漢交通。惟感力有不足，且知清廷已派一旅先佔石家莊，正躊躇間，吳派其參謀周維楨持親筆函來太原，函中有：「公不崇朝而定太原，可謂雄矣。然大局所關，尤在娘子關外。」乃約定共謀華北革命之繼續進行。以清廷六鎮新軍，皆袁世凱所練，實為革命大障礙，若袁自河南入京，無論忠清與自謀，均不利於革命，遂決定組織「燕晉聯軍」，推吳將軍為聯軍都督，公為副都督，據守石家莊，共阻袁氏北上。不幸別後之次日（九月十六日），吳將軍為清廷賄買其部屬刺死於石家莊火車站辦公室中，袁遂得順利進京，革命進行計畫，遂受頓挫。當時公即派張樹幟、張子奇等弔祭吳將軍，並歡迎同志何遂、孔庚、王伯軒、倪普祥等來并參加革命。公以吳將軍革命意志之堅，識見之宏，犧牲之慘，民國二年（公元一九一三年）特發起鑄銅像為文建碑於石家莊以紀念之。

吳將軍被刺之後，清廷一面調第十二鎮兵由奉天南下，一面命資政院起草憲法。又命各省派三、五人來京議國事。中因第六鎮軍經此變故，不克平定山西事，乃於太原光復後四十五日（舊曆十月二十三日）派最精銳部隊第三鎮軍（統制曹錕，協統盧永祥，管帶吳佩孚，時新升標統隊官王承斌，司務長張福來，皆為後來重要人物）由正太路攻晉，相持數日，終以寡不敵眾，娘子關破，我前敵總司令姚以价（字維藩，山西河津人）率眾退返太原。公為保存革命力量，決定分向南北轉戰，副都督溫壽泉率部下晉南，公親率部趨綏遠。公告眾曰：「當九月初七日決定明晨起義之深夜，我即悉武漢大智門被清軍光復之訊，惟恐影響信心，未曾宣佈。我敢斷定革命大業，必將隨全國人心蜂起得到最後勝利。革命戰爭是以寡變眾，以小勝大，可能經百敗而後大成，今日之分退，乃將來合攻之布置。」公乘馬率眾出北門，與總參議趙戴文，總司令孔庚，兵站司令張樹幟，振轡而行，謂：「今日乃覺身輕欲飛。」蓋自起義近五十日，未解衣就寢。行抵河曲得清同治年間所製上鐫「神功大將軍」大礮四門，眾以天意助我，士氣大振。十一月二十日抵包頭，清廷守軍以供給糧餉為條件，求勿入包頭。公限其兩小時內撤退，否則進攻。清兵怯而退，公遂以兵五營佔據包頭，其實清守軍兵力實數倍於我，此所謂「革命精神戰勝也。」略事整訓之後，先向歸綏進攻，隨又決定再回攻太原。行抵晉北之神池，有天主教外籍神父來歡迎，並言：「共和了。」諸將士得知清廷已宣布共和而興奮。公勉之曰：「共和雖已宣布，收復太原，尚須奮鬥。不宣布共和，我不悲觀，宣布了共和，我們反不敢樂觀，更應整飭軍紀，爭取民心。」及抵忻縣後接段祺瑞電，知南北議和成，山西應歸革命軍，囑勿進攻，稍俟再回太原。公覆謂：「議和是全國事，回太原是我的責任。」段覆謂已令舊軍即離并，仍望維持和平。太原各界代表北上歡迎，遂整旅返太原，執行山西都督任務。

民國紀元元年（公元一九一二年）秋，廣東都督胡漢民，江西都督李烈鈞先後以「得北京訊，政府近主極端集權，實行軍民分治，並進行大借款，以圖操縱」電公。公即以「地方分權，古今通義，徵諸歷史，根據甚深。且中國省分之大，動逾千里，非東瀛府縣，西歐州郡可比，即授以各國地方行政之權，輕重猶恐失當，遑論中央集權。況當建設時代，伏莽未靖，軍政民政，其權不容分屬。宜授各省都督以行政特權，限以年歲，使其厲行整理，因循玩忽屆期不舉者，嚴加懲處，使政府與地方，互相維持監督，庶政府之野心不萌，而各省亦不致逾權越限，俟國基鞏固，然後徐圖集權，尚未為晚。」推由胡主稿，江蘇都督程德全領銜電京。八月二十五日因國民黨在北京成立，于右任、胡漢民、張繼、李烈鈞、譚延闓諸公暨公被推為參議，袁遂益增疑忌。

九月十九日國父蒞并，第一次在太原各界歡迎會演講：「今天兄弟初次到晉，蒙諸君歡迎，實深感謝！去歲武昌起義，不半載竟告成功，此實山西之力，閻君伯川之功，不惟山西人當感戴閻君，即十八行省亦當致謝。何也？廣東為革命之原初省分，然屢次失敗，滿清政府防衛甚嚴，不能稍有施展，其他可想而知。使非山西起義，斷絕南北交通，天下事未可知也。……」第二次在學界歡迎會演講：「前在日本之時，嘗與現任都督閻君謀畫，令閻君於南部各省起義時，以晉省遙應。此所以去年晉省聞風響應，一面鼓勵各省進行，一面牽掣滿兵南下，而使革命之勢力，迅速成也。然革命雖成，而吾儕不能暇豫，以天下事往往破壞易而建設難也。今日最要之事，乃各省當統一是也。晉省於民軍起義之際，既立此好榜樣，則今後於中國重行建立之事業，亦當為各省模範，庶民國數月以來外患迭生險象，消滅於無形。……」第三次在閻都督歡迎會演講；「武昌起義，山西首先響應，共和成立，須首推山西閻都督之力為最。……」國父臨行特以「北方環境與南方不同，應想盡方法，保持山西革命基地」囑公，公謹諾，始終以忍辱負重之精神遵行之。

民國二年（公元一九一三年）三月國民黨代理事長宋教仁被刺於上海。四月袁向五國銀行團大借款成。六月李烈鈞、胡漢民、柏文蔚三督被黜。復值俄人嗾庫倫舉兵內犯。公憂憤之餘，七月七日特電袁文曰：

竊錫山本一介武夫，罔知大計，濫竽民國，毫無建白自。宋案發生，適逢借款成立，人心動搖，訛言四起，憂國之士，每慮南北水火，演成分裂之勢。錫山竊以為中國之患不在南而在東，南北雖兄弟鬩牆，可以理喻，滿蒙為強隣虎視，必以力爭。溯武昌起義，各省響應，我大總統置身於兩疑之地，憂深慮遠，統籌兼顧，津京秩序得以保持，近衛師團翕然聽從，親貴財產不盡落於外人之手。馴至清帝退位，民國告成，兵家所謂全國為上，我大總統有焉。當事之方急，克強諸公馳驅戰地，危在疆場，我大總統側身京師，慍於群小，其謀國也同，處憂患也亦同。今以一事之誤會，意見之微異，釀成同室之爭，但略予疏通，即可渙然冰釋。而環觀全球，外患叢集，積薪厝火，危不可言。東隣野心，早暗視滿洲為己有，彼勝俄之後，猶不敢據領之者，實因俄有以牽之也，不得已與仇俄協約，意在平分。更有迫日本以不容緩圖者，即美圖巴拿馬運河開通是也。菲律賓雖屬美之領土，實在日本勢力範圍之中，而日本所以不敢取之者，以與俄戰後之元氣未復耳。美國亦知其終難和平解決，甚欲乘其元氣未復之時與之一戰，惟因巴拿馬運河未通，大西洋軍艦運輸不便，故遲遲未發。日本亦深知巴拿馬運河開通後，彼在東亞勢力美必出而干涉，乘此運河未通，則攫我滿土，愈不容緩，特無隙可乘而。今宗社黨盤據東省，與日人以可乘之隙，而日人乘機以接濟之，南北風潮疊起，又與宗社黨以可乘之隙，而日入又從中推助之。日政府非求好於南，而意實在滿也，若墮其奸術，則瓜分立召。東而滿洲將成朝鮮之續，西而新甘一帶多係升允黨羽，倘出而號召，擾亂堪虞，北則蒙古煽動，《中俄協約》將成泡影，西藏喇嘛久蓄叛志，英人野心，其欲逐逐，而內地好事喜亂之徒，難保不乘機竊發。加之我國會匪遍地，群盜滿山，教堂林立，洋商麕集，一旦潰決，外人之生命財產將何以保持？勢必惹起列強干涉，國之不國瞬息間耳。言念及此，實堪痛心。推其由來，皆因木腐蟲生，疑忌之一念所致。伏思黎副總統倡義武昌，力維大局，我大總統與孫黃諸公締造民國，艱苦備嘗。推其初心，無非救國，而經營年餘，險象環生，堂堂神州，儻不亡於滿清，而亡於民國諸公之手，則天下後世將謂我大總統何？今者三督解職，足徵無他，望我大總統開誠布公，敦請孫黃二公入都，共圖國事，破除黨見，一致進行，則內憂潛消，外患自滅。其亡其亡，繫於苞桑。民國幸甚！中國幸甚！

乃袁氏一意孤行，未予接受，對李烈鈞等更橫施壓力，二次革命遂告發生。二次革命失敗後，山西深處於袁氏勢力包圍之中，形格勢禁，呼應實難。

民國三年（公元一九一四年）七月公任同武將軍督理山西軍務。嗣晉同武上將軍。五年（公元一九一六年）七月任山西督軍。六年（公元一九一七）七月兼任山西省長。十四年（公元一九二五年）二月改任督辦山西軍務善後事宜，仍兼省長，迄十六年。在此十三年間，全國革命勢力大為削弱，山西緊被包圍於北洋軍閥勢力範圍內，公周旋於袁、黎、馮、徐、曹、段、張、吳各期間，備受風雲險惡之苦。

民國四年八月，籌安會成立，袁特注意山西。籌安會屢派員往返太原，一面遊說帝制之必要，一面偵察山西之動靜。公保持沉默，但告以「世界各國均向民主途徑轉變，為大勢所趨。中國民主勢力雖尚在萌芽時期，但必日長一日，逆勢終當顧慮。」袁即先以其最親信而最驕悍之金永為山西巡按使，迅速成立部隊。比稱帝金曾密奏袁請先撤公，以消滅山西民軍勢力。時袁已病，閱奏摺未畢，摺墮地。徐世昌，段祺瑞在側，勸病癒後再處理。袁不起，公遭受之壓力漸減。袁死後北京政府不穩定，六年夏北京舉行督軍團會議，此一會議內幕實含有張勳復辟與反復辟之鬥爭，會議中公未發言，稱故早返并。至張勳復辟時，段祺瑞馬廠揭義織。公派商震（字啟予、保定人）率一旅，出晉參加，事平即撤回。袁逝後，北洋軍閥雖成群龍無首，各謀擁戴，冀繼元首。而對付民軍仍屬整體，其內部分裂則日甚一日，爭權奪利，不惜兵連禍結。公遂宣布實行「保境安民」，總目的在不捲入軍閥內戰漩渦。然凡有力者，無不謀奪取山西。公則對外恒以獨立不懼態度處之，聲言晉軍不出山西一步，有來侵者，必「惟力是視。」而樊鍾秀於十四年秋由東陽關，國民軍於十五年夏由大同先後攻晉，均經迅速擊退，全省人民得享長期安居樂業之幸福生活，華北革命力量，亦始終賴以保持。

公自六年兼理省政，首先成立行政人員訓練所，灌輸新知。即以「民德民智民財」為施政大綱，編著《人民須知》廣布全省，家曉戶喻。先實行戶口調查，編村組織，設村、閭、隣長，施行「村本政治」，山西政治由此而肇其基。自七年（公元一九一八年）四月倡導「用民政治」。所謂「用民政治」乃針對以往政治只求消極的安民而言。且公素反對盲目的「摹仿政治」，一切施為應切就現實，以求實效。認我國積弱之弊，在人民不知政治，不問政治，更不管政治。嘗謂「政治最初為神主，重神權。其後為君主，重君權。現在二十世紀，應為民主時代，應重民權。然名為民主，而實不能主，國乃大亂，更難望進步。」乃以發揚民主精神為宗旨，盡力推行用民政治。首先修築省、縣、村道路，以暢全省交通。其基礎特重自治設施，仍以培養提高民德，啟牖增進民知，振興發達民財為總綱，條目規定更周詳而確實。其重點在除弄方面，推行剪髮、放足、禁烟。興利方面，推行水利、種樹、蠶桑、所謂「六政」是也。又擴大造林、種棉、牧畜、所謂「三事」是也。並提倡牧畜，特購阿爾斯丹、育爾夏乳牛，及澳洲美利奴羊，以期繁育純種，改良土種。此種乳牛毛羊，在抗日勝利前，各縣飼養甚多，獲利甚厚。尤注重教育，凡國民教育之普及，職業教育之建立，社會教育之改進，人材教育之提高，均定適時適地適需之辦法。並建立「村民會議」、「村經濟建設委員會」、「村息訟會」等，以期「人人有工作」，「人人有生活」。「村村無訟，家家有餘」，而達裕民生，正民行，敦民風之政旨，期能實現親慈、子孝、兄愛、弟敬、夫義、妻賢、友信、隣睦標準的「村仁化」。山西政治，由此而大著其效。

民國七年五月又以公文告示為施政做事利器，規定用淺近白話文，以便人民通曉。並興辦「巡迴演講」，制定簡明政治標語：如「信、實、進取、愛群為民德四要」。「貪官、污吏、土棍、劣紳為人類之蟊賊，非依法律的手續，剷除了他不可。」「主張公道為人類之天職。」「主張公道為法治國家之真精神。」「苦學救國」、「人生在世，要留好樣於社會。」等書於牆壁，貼於電桿。凡所措施，使人民易知易行，一掃清朝痼蔽積習，於是政風民心，有如春風解凍，撥雲霧而見青天，故一切新政，令如流水。公以人群悲慘現象，皆由人心污穢所造成。欲去悲慘謀幸福，應從「洗心」做起，使人有健全之心理，始能有康樂之社會，乃於七年成立洗心總社於太原，各縣成立分社，全省各地每逢星期日舉行集會，軍、政、學、紳、商、婦女自由參加，公開講演，重在闡明孔孟之儒學，介紹歐美之新知，國內外宿學名流，欣然蒞止，民知頓開，民德大進，蔚為文明氣象。至十一年趙為貫徹「村治」，又實施「整理村範」，其唯一目的在使「村村全好」。就事說，要為人民興一切的利，除一切的弊。就人說，要使人民都學好，使人民都不學壞，其結果村村無窮人，大家都「做好人」「有飯吃」。當新政推行之初，北京政府當局，以公年少不知為政，曾兩次派人勸公不可更張過多。其意以為胥吏警役如同蛇蝎，與人民接觸，愈少愈好，每年催繳田賦一次，人民已不堪其擾，如百廢俱舉，人民時時遭受滋擾勒索，久將逼成民變。省內極端守舊分子，亦多反對，認為大禍將臨。時英國駐華公使朱爾典偕美駐華公使抵并訪公。朱云：「我在中國四十年，未見如君膽大者。禁纏足得罪了女人，剪髮得罪了男人，禁烟得罪了吸烟的人。可能無人不以君為多事，違反了中國無為的政治傳統。」公答曰：「凡事只要為人民的，人民不會怨恨。禁纏足女人雖反對，但男人卻贊成。剪髮男人雖反對，但女人卻贊成。禁烟吸烟的人雖反對，但不吸烟的人卻贊成。而且是將來都會贊成的。」朱又云：「如何能使人知是為他的？」公謂：「《易經》說『說以先民，民忘其勞，說以犯難，民忘其死。』只要真正是為人民，且說清楚是為人民的，人民雖勞不辭，雖死不怨。」不數年績效大著，北政府且傳令嘉獎，通令各省仿效實行。

同時成立軍人工藝實習所，興辦兵工製造，規模由小而大，所製兵器農具，產品優而成本低。精縮革命部隊，重質不重量，不務聲華，而武力雄厚。有人謂晉方之強，實在內也。爾時各省大小戰爭，此勝彼敗，無時或息，民不聊生。惟山西政治修明，人民安樂，道不拾遺，夜不閉戶，無遊民，無乞丐，無竊盜，更無刼案，中外人士目為「世外桃源」，共譽為「模範省」。時論謂公駕鄭子產、魏文侯而上以美之。

民國七年冬，第一次世界大戰漸趨結束。公於十一月一日為各官吏講演謂：「此次歐洲戰爭之劇烈，為千古所未有。自美國加入戰線以來，協約國已占勝利，媾和之期，當已不遠。我國亦在協約國之列，於是人人各抱樂觀，謂此戰終結，強權戰敗，則世界可期若干年之和平，吾輩可享若干年之幸福。鄙人之意，願吾邦人士勿徒希望和平幸福。因此次戰事告終，所謂『近東問題』，當然解決。所謂遠東之中國，直為第二之巴爾干半島，危機四伏，全球注目，吾人所首祝禱者，勿因此一隅再釀成全世界之大戰，則萬幸矣。同一大國也，東西相映，彼美國則可以促進世界之和平，而我中國則猶恐為世界戰爭之導火線，相形之下，良足深思。」公之「憂深思遠」，類如此。

公於八年（公元一九一九年）感於世人多由糊塗力大於明白力，老死於過錯之中，無以自救，焉得救人，不能救國，遑論救世。欲使人由糊塗而變明白，再求明白力增大，糊塗力減少，以期自覺。進而以自己之明白力，減少他人之糊塗力，以期覺人。從自身深切之體驗，莫若「自省」之為有效。今欲擴大其功效，又莫若與人「共省」。遂於太原洗心總社建築可容五千人之大「自省堂」，以「悔過自新」題頒堂內，每逢星期日晨，躬親領導文武官員舉行集體自省。並隨時敦請冲外名人講演古今中外聖賢豪傑成己成人之學，修德建功之實，發行洗心周刊，名曰《來復》，蓋取《易經》「七日來復」之義。按期印發至各村，廣為宣講，至北伐後，舉行總理紀念周時，始代替之。此舉大有益於「心理建設」，有助於喚醒人之自覺，提高人之人格與堅定人之意志。凡所屬軍政負責人員，其後於北伐，抗日、剿匪三大時期中，多能各本「努力成功，決心成仁」，平時平平實實，臨事轟轟烈烈，有所成就，為國家存正氣，為民族增光榮者，蓋源於此也。

民國十年（公元一九二一年）公與被蘇聯驅逐回晉之汾陽縣籍僑民代表五人談悉蘇俄革命時期之種種暴行實況，其最著者，如強迫農民將所產糧食歸公，農民不從而遭大殺戮，甚為驚異。即認因資本主義之剝削，演出共產主義之桎梏，是兩相極端之錯誤，禍害人類，不可想像。暑期在太原軍署進山邃密深沉之館召集軍、政、學、工、商各界耆宿，研究「人群組織怎樣對」問題，名曰進山會議，參加者由二十四人增至五百餘人，每周開會二次，每次二小時，歷時二年又四個月，結論認為現社會的病因，在「資本生息」、「金銀代值」。而「各盡所能，各取所需」的共產主義，一面強入作聖賢，一面強人作禽獸，背乎人情，反乎人性，不適於生產，即不利於人生，提出「資由公給」、「田由公授」的「資公有」、「產私有」、「勞享合一」的「公平制度」。此外對「人生與家庭」、「經濟」、「政治」、「教育」、均有深刻正確之研討，彙為《進山會議錄》。

民國十三年（公元一九二四年）十一月國父北上後，召開「國民會議」之主張受阻，曾派員到并與公商議在山西試行《建國大綱》。後在籌備期間，草成《山西施行三民主義五權政治大綱》。不幸國父賫志以歿。公受環境阻礙，未能即時次第實現，深以為憾。公出席起草委員會時，提示要點三十八條如下：

一、三民五權，總理主義與政治之大略也。今推而行之，當補其略而申其義，以完其全而成其美。惟補之申之，須先明其本源之所在，真諦之所存，始能相合而不謬。應於推行之前，按之大綱，徵之言論，求之真理，詳細討論而後編訂辦法。

二、總理謂三民主義，建設在中國歷代之文化上。中國文化是政治文化，故以中為體，以平為用。中義屬豎，平義屬橫。惟已過之歷史是以中統平；將來重以平貫中也。

三、三民主義為私產共產之中和劑，勞資衝突之調解方，本黨不特以此治中國，且將以此救世界。吾人須察乎造化之理，本諸人生之道，考諸現在，繼總理之遺志，努力進行，必使其推諸世界而不謬，行之將來而不悖，合之者治，違之者亂，始可以垂永久而治大群也。

四、三民主義發輝光大，防範流弊，均在民德。以民德為基礎，始能使民族主義不變為侵略。民權主義不陷於爭奪。民生主義不至有搶掠。培植民德，須政治樹其本，教育啟其源，乃能風行草偃，速於傳命。

五、人有理性，優於禽獸，人之仁愛，固為禽獸所不及；然人之欲望，亦大於禽獸，同類相殘，反為會獸所不忍。故以理性網維欲性，導以正向，防其橫流，為人類之第一要事。若提倡自利，放縱人欲，則強凌弱，眾暴寡，互相殘殺，循環不已，將見人類之生存，或較禽獸為不易，是故人類中貴有先知先覺者，知此覺此，以啟後知後覺，耐維持人類生存之大本也。

六、人為天地心，萬物靈。若使無人，則造化之妙用不彰，萬物之功他不顯。非特萬物以人為貴，天地亦以人為貴。故人也，道義之學尚，而智能之學亦尚。中國文化重前者。歐美文化重後者。今應兩重而得其全，盡人性而兼盡物性。

七、人生少不能自長，老不能自養；父子夫婦之家庭制，實為人生最良之保障，人生之真樂亦存乎其間。中國文化之根本在此，社會之基礎在此，而政治之精義亦在此。習有不良者，可以改善，行有不得者，可以救濟；不可破壞。

八、食、衣、住、行，用為個人生活之所必需。仁愛公道為人群生活之所必需。無仁愛公道，食、衣、住、行、用即失其保障。是仁愛公道，實為人類之生命。政治之事雖多，此其母也。君主政治主此，民主政治亦主此。主之在得其人，行之在有其法，故施政貴有治人，亦貴有治法。

九、政治忌繁而尚簡。養老於院，莫若責成其子。育嬰於堂，莫若責成其母。為民代謀，莫若使其自謀之切且勤也。律之以法，莫若動之以情之深且服也。

十、公道為政治樞紐，合之則治，離之則亂。遮蔽公道者為自利與自尊，迷信與成見，非去此數端，則施政無把握。

十一、公道自在人心，為民主政治之依據，合之則應，違之則拒，民權之所寄在此，只勿戕賊之，是非自能權衡。

十二、慾為人所具，涉我即私。處家則私其身，處村則私其家，處縣則私其村，處省則私其縣，處國則私其省，非防其私而導其義，民治不彰。

十三、帝國主義之侵略，固屬野心；然亦由於被侵略者之公道失墮，政事廢弛，有以招之也。同一國也，相差若是，固有由來。物必先腐，而後蟲生，自強實為禦侮之基。

十四、文化為立國之精神，物產為立國之實力，欲求兩者之發展，必須養成創造能力。摹仿來之教育，求其合於實用而不可得。摹仿來之法律，求其適於社會而不可得。創造能力之養成，實為自強之肇端。

十五、共匪之徹底破壞，固屬殘暴；然亦由於社會制度之不平，有以激成之也。若不改善，終無以善其後。

十六、民生之妨礙，在資產生息。三民主義之民生主義，是以養生的主旨，欲由節制平均，做到資不生息之程度，則民生之障礙盡去，各以職業換生活，即可除去驕奢淫惰，做到人群聖賢地步，復人生之公道，盡人生之快樂，可與日月同光華，此固總理之志願，亦人群之幸福也。此為本黨之最終目的，可隨社會之演進，遂次進步，不必求速也。惟所急者、應迅奠社會於磐石之安，使主義與社會全臻穩固地位，始有從容改進之餘地。所謂奠社會於磐石之安者，富者貧之嫉，貧者多而富者少，私產制度之下，露有經濟革命之空隙，共產主義對此而發，共匪乘此號召，物產愈發達，其空隙愈大，益之以言論自由，集會自由，此隙不補，久必為所乘。補之之法為何？勞資合一是也。總理曾云，「耕者有其田」。所謂耕者有其田，必須不耕者無其田，而後耕者始可有其田。如田皆自耕，斯地產與勞工合一，則土地之下，無其隙矣。工商方面，宜歸公辦者，公辦之，准人民辦者，取合夥辦法，勞工即是股東，斯勞資合一，則資本之下，無其隙矣。

十七、總理論政，不直病理而尚生理，是即不尚治病而貴養生也。治病方術，適於有病者，不適於無病者，適於患病時，不適於病癒後，故不足以垂永久，且病癒之後，治病之術，反為致病之由。今當體總理賤病理貴生理之義，立法勿偏於救弊，矯枉勿使其過正。國事至大，人事至繁，當以情理貫之；舍情言理，為不近情；舍理言情，為不合理；情理兼顧則得中，可以養生，可以卻病，可大，可久，始合乎生理之旨。

十八、國之環境，險夷無常，籌備適宜，國乃能立。惟衛國有需民力，備戰有需財力。合言之，國利始有民福。分言之，國利有反民福。國權兼謀國利，民權重謀民福，必須兩權得中，始能禦外安內。若有偏重，內亂或外侮隨至。

十九、以防弊說，政權愈小愈好，愈分散愈妙，愈牽制愈好。以辦事說，政權愈大愈好，愈集中愈好，愈專一愈好。弊是害國害民，非防不可。事是利國利民，非辦不可。必須弊防而不礙於辦事，事辦而不至於生弊，權衡得中，始能久而不敝。

二十、觀察現在及已過之政權，主張公道之權，與行不公道之權相等。人類之悲慘在此，政治之詬病亦在此。如何使之只有主張公道之權，而不能有行不公道之權。監督機關每以制止人行不公道之權，與妨害人養公道之權並用。如何使之只有制止人行不公道之權，而不能有妨害人主張公道之權，果能審度得中，深所願也。

二十一、人有私心，有公心。以自己之公心，管束自己之私心是學問。以本人以外之公心，管束其私心是輿論。學問為政治之本，輿論為政治之用，有本而後有用，有用始能立本，所謂人有政治性者是也。學問成於道德，貴乎有人。輿論根於制度，責乎有法。必須兩者並重，以觀大成也。

二十二、破壞公心，為利害涉己。利害涉己有直接的，有間接的，有曖昧的。直接的易防，間接的難防，曖昧的更難防。章制必須顧慮周密，始可杜奸邪而維公道也。

二十三、備人採擇，必以公心出之，因公猶恐人不納。以權斷事，每以私心出之，雖私亦以其權在我。故不經審查之施行權，顧忌少，私心易於用事。經審查之施行權，顧忌多，私心不易用事。直接的監察權，易借以要挾，私心易於用事。間接的監察權難借以要挾，私心難於用事。絕對的制止權，便於負氣行使，私心易於用事。相對的制止權，不便於負氣行使，私心難於用事。此當注意者也。

二十四、人事複雜，災變無常，一家之力，不足以禦變。出入相友，守望相助，疾病相扶持，互助之道，必假於村；且於已往之歷史中，村非特為互相之團體，政治文化上，亦佔有重要地位。況村為全民組織之單位，本黨行全民政治，尤當以村為著力點。

二十五、中人以下，習即成性，故改革尚漸，不可襲擊人也。冬極寒，夏極熱，由冬而變夏，經一百八十日，雖弱者堪之，驟變之，強者亦難安。故改制變法，必先申其義，限其時，而後導其行。彼圖自便而規避之者，始可強制之也。

二十六、委任則賣缺，選舉則賣票，斷案則賣法，掌財政實業則侵蝕公款，此為已過政治之四大弊端。防範之法，歷代及各國各有不同，惟立法善者，可經久而弊小。吾國處此過渡時代，新政開始之際，應詳考古今中外，善體遺意，鼓舞全民主張公道之精神，制定全民監察政治之方法，以建民治之基。

二十七、在公的會議場上，敢發出自私自便的言論來，是不以公人看他人，亦即自己甘心做非公人也。若此者，不足以做官吏，不足以做議員。在民治國家中，更不足以做人民也。此點不改，立國無基，應組織健全之輿論團體以監視之。

二十八、選舉制度本在選賢，不但賄選，賢者不為，即運動選舉，賢者亦不肯為之。若不詳定善法，是欲選賢而反遺賢。總理先考試而後選舉之法，實為選賢開闢途徑，應本此意，詳定法案。

二十九、有治人而後有治法，賢人政治也。有治法而後有治人，眾人政治也。前者貴人治，後者貴法治。然人治不可忘法，徒善不足以為政；法治亦不可輕人，徒法不足以自行。民主政治，當重法治，惟須培養民德，發揚人群公道，民主始有把握。

三十、惠人以言，不必分別親疏，言之來也易，可以慷慨行之。惠人以衣食，必須由親及疏，衣食之來也難，不能以慷慨行之。為政亦然。濟人以衣，莫若勸其勤於織。濟人以食，莫若勸其勤於耕。為農工謀利益，當勵農工之勤勞，不當縱農工於掠奪。

三十一、開發物產，吾國已經落後，若不急起直追，非特不足以厚民生，而且不足以立國。惟仍用各國獎勵私人資本之陳軌，恐開發之果未收，而社會革命之糾紛已至，非節制私人資本，另闢公辦新途不可。公辦之難處，在不易收效。為公不如為私盡力，人之恒情，比方親自己之子女，人人皆能，禁之且不可。親人之子女，人人難能，勵之且不易。今欲公辦實業，非有鼓勵其盡力之法，防範其作弊之方，弗克有效。固非此不可、然甚不易也。

三十二、愛其偶，育其子，禽獸能之。孝其親。及愛人之子，禽獸不能也。趨利避害，蚊蚤能之。利不當取則不取，害不當避則不避，人獨能之。此人之所以勝於禽獸蚊蚤者也。政治教育於此點，均當極九保留，尤當極力擴充。

三十三、自己不謀照像，乃欲在世界照像館申遍求合乎自身之像片，非特不可能，勞力傷財，並佔了謀照像之精神，永無達到照像目的之一日，為政亦然。吾國科學落後，非學他人之科學不可。但學他人之學，非變成合乎中國之學，不能有益於中國。人有個性，國亦有個性。學之原則固同，應用之法，各因其個性而異。學政治不變成合乎中國之政治學，則無益於中國。學法律不變成合乎中國之法律學，則亦無益於中國。其他工學也，商學也，農學也，林學也，理學也，化學也，陸軍學也，海軍學也，無一非求之於世界而變成合乎中國之學，然後始可有益於中國者也。若一味摹仿，非徒無益，而又害之。不維新，如同一無精神之人，摹仿外國的維新，則變成一精神患病的人。故無精神則不能強，精神患病則欲求一不亂而不可得。當深刻注意之。

三十四、教人做好人是教的原則。鼓勵人做好人，是政的原則。防範人做壞人，是法的原則。三者並進，始能臻政治於上理。

三十五、學什麼的做什麼，學理易離開事實。不若做什麼的學什麼，所學易見諸所用。應就職業團體，提倡本科教育，以期適用。

三十六、都市學校學費較大，求學的機會難得均等。應計畫分年籌設村學院，並充分供給教材，以期高等教育之普及。

三十七、為人群生命，非教授方法與教育教育制度兩者均臻完善，不易收美滿之效果。獵官之教育制度，抄襲之教授方法，不能產出適用之人材，兩者均應妥籌改善。

三十八、吾人所見之事最痛吾心者，亡國之痛，災害之苦，匪盜之慘，及強凌弱，眾暴寡，富欺貧，智詐愚之慘，病死之悲也。政治原理在解除人類之悲慘痛苦，醫國醫人，當並重焉。

民國十五年（公元一九二六年）七月一日國民政府成立周年紀念，宣佈北伐動員令。三月公所部稱晉綏軍，公任總司令。六月國民政府特任蔣公為國民革命軍總司令，七月誓師北伐，公早遙為策應，信使往還。十月革命軍克武漢，中國國民黨中央黨部國民政府由粵遷鄂。十一月國民革命軍總司令部移設南昌。十二月張作霖在北京自任安國軍總司令，派其日籍顧問土肥原入晉挽公就任副總司令，公峻拒之。時中央黨部國民政府在武漢派孔庚持任命狀由茅津渡入晉任公為國民革命軍華北總司令。公以武漢方面為俄籍政治顧問鮑羅廷，軍事顧問加倫操縱共產黨所把持。並悉曾有抬孔子牌位遊街表示侮蔑，及婦女裸體遊行等事，大違中國傳統文化精神。又有沒收人民土地鬥爭清算等暴政，顯背本黨三民主義及革命政策，深恐赤禍滋長。當即送孔氏持原任命狀還。爾時中央黨部國民政府雖在武漢，而軍事重心由蔣公領導駐節南昌，公早派趙丕廉（字芷青，山西五臺人）為代表秘密由滬轉趨南昌晉謁，其主要任務，一面說明武漢方面舉措對本黨有極大危機，應早為防範。並請示爾後軍事配合行動。電報往還，日不計數。十六年三月革命軍相繼收復上海、南京。四月十二日中央開始清黨。國民政府宣布南京為首都。時武漢黨政情勢益形混亂、暴戾，北伐革命有頓挫之虞，公即毅然領導北方同志，督率晉綏全軍，於六月六日就任南京國民政府革命軍北方總司令。

公於八月十六、二十三兩次對黨政軍高級人員作懇切長時間之講演，闡釋三民主義之真義，重在「全民政治，為全民謀福利。」反對武漢方面利用農工政策、挑動階級鬥爭。並印發專冊與人以深切明白之認識。因此革命認識得以一致，革命力量得以集中。秋在所謂「寧漢分裂」情形下，敵方認機會難得，積極企圖反攻，孫傳芳全軍攻南京。張宗昌褚玉璞攻河南。奉軍向京漢、京綏增兵運械防禦山西，時局日趨嚴重。公因與何應欽（時在南京），馮玉祥（時在河南）密約，一致出擊，以挽危局。時奉軍在關內作戰實力綜合奉、吉、黑、熱、直、魯部隊，號稱安國軍，張作霖自為大元帥，共分七個方面軍，以孫傳芳、張宗昌，張學良、楊宇霆、張作相、吳俊陞、褚玉璞，分任軍團長。就中使用京漢、京綏兩線與北方革命軍作戰者，實以第三、第四兩方面軍為主力，是即奉軍之最精銳部隊。公即於九月二十九日以「掃除實行三民主義之障礙，用達救國救民之目的」為主旨，通電誓師北伐，分軍左、路任商震為總指揮，傅存懷（字少芸，山西忻縣人）副之，張蔭梧（字桐軒，河北博野人）為前敵指揮，出京綏路。右路任徐永昌（字次宸，山西崞縣人）為總指揮，楊愛源（字星如，山西五臺人）副之，孫楚（字萃崖，山西解縣人）為前敵指揮，由正太路出京漢路。

宜生，山西榮河人），預出奇兵襲涿縣，予敵重創，實為革命勝敗關鍵所在。惟不幸自三四月間起，武漢方面共黨亟謀分化顛覆國民黨，形成暴政。

左右兩路各配航空隊一隊，軍容甚盛。與奉軍鏖戰於京綏、京漢鐵路兩線，並命傅作義（字

八月寧漢分裂益甚，蔣總司令下野，九月二十八日東渡日本。公孤軍苦撐，犧牲奮鬥，達數月之久。十七年一月四日蔣公復任總司令，繼續領導北伐。中央政治會議分軍為第一第二第三集團軍，五月中增第四集團軍。二月二十九日公改任第三集團軍總司令。四月中，公審度情勢，非傾全力積極出擊不足以解京漢線之危，而竟革命之功。乃親至陽泉指揮作戰，時公所屬軍在石家莊及以南者共十一師，而奉軍在京漢線之兵力不下四十餘師，眾寡固甚懸殊，惟因戰略配合得宜，將士忠勇用命，公深籌密計，出奇制勝，用能摧敗強敵。迄五月三十日克保定，即指揮各路軍繼續前進，六月三日張作霖敗退。六日收復北京，天津，公時駐節保定，國民政府改北京為北平，任公為平津衛戍總司令，受各國駐我國公使團暨學紳、商、民一致熱烈歡迎，十一日入北平，寓北海之靜心齋，撫綏軍民，安定地方。九月間克復冀東、唐山、灤縣等地。十一月二十九日張學良、張作相、萬福麟等通電東西省易幟，北伐於以完成，自建元以來分崩離析之局，至茲乃告統一於革命政府之下，此公之志也。七月九日陪蔣公告祭於西山碧雲寺國父靈前，有以報國父蒞太原時之面囑，始覺如釋重負。

民國十七年八月任太原政治分會主席。九月任國民政府軍事委員會委員。十七年十月任

內政部長。十二月任蒙藏委員會委員長。十八年三月任中國國民黨中央執行委員。四月任陸海空軍副總司令。十七年九月公在北平對法國名記者解答初步實現民生主義工商之辦法，曾提出「勞資合一」主張，即有生產資本之人與勞動者相合為一，農為自耕農，工商為自本自營之工商，凡此小農小商之田地與資本雖皆歸私有，但無資本家勞動者之分別。至大工商大農場分別由國、省、縣、區、村公辦之。在公辦農工商下之勞動者，田由公授，資由公給。如此勞動者與生產資本所有者，皆合而為一。即可收去剝削，不怠工，加大生產之效。如此民生問題則可順利走上解決之路。十二月公晉京出席編遣會議，力贊實施編遣方案，實行裁兵建設，在中央黨部提出「裁兵為建設之先務」，並作公開講演，以求主張之貫徹。

民國十八年五月馮玉祥稱兵河南，勢將擴大。公於二十一日復電請馮來晉，偕同出國，釋兵息爭弭亂。嗣馮由潼關渡河，公赴晉南相迎，招待於河邊村西匯別墅。七月蔣總司令飛北平，公赴平晉謁，並晤張學良，詡贊和平統一，國民政府撤銷馮之通緝令，公亦不得實行放洋。十二月唐生智在豫擁汪精衛，謀叛亂，公出兵，親赴鄭州敉平之。時因數有紛爭，兵戎迭起，公斡旋其間，冀謀團結，而疑謗驟興，致起十九年中原之戰，公中心憂傷，愈發不寐，主張國事付諸國人遂下野，出國考察。二十年一月過大連小住，參觀旅順大連，一面準備考察工作計畫。一面對進山會議討論所得結果紀錄，再加檢討，由三月十五日起與趙戴文等十餘人研究「新村制度」，是亦「物產證券與按勞分配」著述之開始，每日與隨從舉行座談會。其後秋高氣爽，正擬按原定計畫，經日轉歐美，適接電，知太公忽病重，公性至孝，又為獨子，遂於八月五日經大同回五臺鄉居，侍膳問安之餘，河邊村一帶實地試驗機器鑿深井，謀興水利，以作補救山西十年九旱之一種灌溉，並研究開發西北實業，籌組西北建設實業公司。

民國二十一年一月日軍在我東北，進佔錦州。在華南侵入淞滬，「一二八」戰事爆發。三月日軍劫持溥儀成立偽滿洲國，大局危急。三月中央任公為太原綏靖主任，總管山西綏遠兩省軍政，公以「大義所昭，不容自逸」，即於四月一日赴并就職。二十四年（公元一九三五年）晉敘陸軍一級上將。十二月任國民政府軍事委員會副委員長。老成謀國，深心獨運，實負國家柱石之重任。

自「九一八」（二十年九月十八日公元一九三一年）事變以後，公深感外患日亟，十一月向中央第四次全國代表大會建議「十萬雄兵，死守錦州」，以禦目前之侮。並力主「自強救國」，屬於全局者，確定「全國十年建設方案」，以圖根本之自強。屬於山西者，一面製定「山西省政十年建設計畫案」，按定度進行。一面組織自強救國同志會以推動之。其後公既手訂「山西省政十年建設計畫案」成，為執行確實有效，又在事務技術上有「山西政治日曆」之創製，即利用每年印用之日曆，根據政府所定進行事項，按日載明其上，如植樹事項，由所需各種樹苗之種類數量，何處適宜栽植何種樹？何處育苗？何時移苗？何時分栽？

何時檢查？各段事項，由何機關何時發動？規定由何機關遵辦實行？由何機關實行檢查？由何機關復查考核？如何舉行競賽？如何實行賞罰？優良者如何仿效擴大？貽誤者如何戒飭補救等，凡樹之由苗至成長，皆按時分條，有明確之規定，諸如此類。凡一事之先後本末，縱的貫徹，橫的連繫，使負責人隨時觸目了然，免有貽誤。所謂「管人辦事，若網在綱。使人從事，舉重若輕」者也。

其所創辦之山西人民公營事業後改稱山西全省民營事業，原始資金銀幣五百萬元，由全省分區選舉董事、監察，成立董事會與監察會，並由全省按三道區每區產生督理委員一人組織督理委員會，為最高督理機構，公被推為第一任首席督理委員，親自主持各項計畫及重要章則之擬訂。本企業化原則，成立法人組織，採「人法並重」精神，規定股東不分紅利，所有盈餘，悉作擴充事業之用。預定本利發展至二十四億時，以其盈餘辦理山西全省四項公益事業，即水利、交通、教育，衛生，並代繳山西人民負擔。此項事業至抗日戰爭開始，已發展至銀幣一億元之譜，計輕重工業四十餘單位，各種機器四千餘部。各項產品不只供應省內，代替外貨，且銷行各地，享譽國內，為本省工業化奠定良好基礎。同蒲鐵路完成一千一百餘公里。而人民之生產與生活，亦隨普遍提高，世人比山西為東方之瑞士云。

公性喜建設，重計畫，精計算，善檢點。嘗云：「從事建設，以經濟為上，應本學理公式與經驗，三次五次的研究核計。多研究一次，多增一分的明瞭，多核計一次，多一加一次的精確。」又云：「向前檢點，十人九能。向後檢點，十人九不能。」二十一年，山西省政十年建設計畫開始，有修築鐵路一項，五年完成同蒲路幹支各線，以兵工為之，先時人以為空想，即在事人員，亦恐有首無尾。公召集有關人員，詳審精算，大自軌距軌重，小至土方石方移運單位，無不列為標準，精益求精，訂有《山西修築窄輕軌鐵路計算書》，此書要點在計算明白所以決定修築窄輕軌之理由事實根據，因當時有盲目譏刺以至反對者。又編《兵工築路工程計算彙編》及《工程須知》等書，出刊應用，人始堅其信心，能底於成。開工之初，即規定定期召集有關會議，每週兩次，按其預定進度，「聯繫」「檢點」，舉行會議計五百次，至於完成，亦未稍變，而逐段竣工，未曾延期。且因計畫合理，核算精確，管理徹底，無中飽，無浪費，成為世界建設費最低之鐵路。對於使用機車以何種為最適宜之決定，其中竅要，德人火車專家畢士敦代表克魯伯廠在中日兩國業此十餘年，對公之提示要點，須請示該廠研究，始能圓滿答覆，嘆為不及。同時興創煉鋼廠，天津《大公報》社論謂「國家多年不敢辦者，貧瘠之山西，何能有成？」備致譏誚。後自二十四年起至二十六年完成由煉焦煉鐵煉鋼全國最新式之「一貫作業鋼廠」，日產鐵二百噸，鋼一百二十噸，共需資八百萬銀元。其時有人計畫須二千萬銀元者。「為大於細，圖難於易」，雖工程專家亦深佩公之精密焉。

公以資本生息複利計算增值甚快，嘗在河邊村家居時，著川至中學以本錢銀元一年息二分四釐（即百分之二十四為當時鄉村一般利率），複利計算，一百年之本利和為課題，使學生詳確計算，約為二十三億銀元，可抵山西全部不動產之價值，若以之謀各項福利，可謂無比大之資本。於此亦可知私資利息剝削之可怕，欲去其弊而興其利，須建設公資以消滅私資，因即普組設省、縣、村營業公社，就省、縣、村各富有之家，酌情無息借資若干，定二十年清還本金。出資之人並得為營業公社董事，二十年後所得盈餘全數作為省、縣、村之各項福利建設基金。省營業公社於民國二十年組成，迄抗戰開始時，各縣亦全部組成，各村亦多數組成。其先組成者，五年之間，多有十倍以上之盈餘。利息歸公，為公眾謀福利，已啟其端，而建其基，惜抗戰軍興，繼以戡亂，國土淪陷，致未能樂觀其大成。而其方法與績效，已足證明為改革經濟制度之最穩健辦法矣。

其時公製〈努力實現歌〉：「無山不樹林，無田不水到，無相不工廠，無區不職校，無路不整修，無房不改造，無人不勞動，無人不入校，無人不愛人，無人不公道。」在抗戰前全省學生皆能歌之，人民無不樂聞焉。

民國二十三年十一月蔣委員長蒞并與公商國是，公認日本自明治維新六十年來之帝國主義的教育國策與受當時世界經濟恐慌之危脅，向我大舉侵略，勢不可遏。蘇俄與日世仇，表面上或可助我，但必須堵塞其滲透顛覆的主義侵略，方不致前門拒狼，後門進虎。抵抗日本的侵略，屬於軍事問題，而堵塞蘇俄的滲透顛覆，則必須在社會、經濟、各方面都有合理的措施。在思想上更必須揭穿共產主義的錯誤，方能抗日而不為俄所乘。蔣公深然之。九日臨行時公以所著《物產證券與按勞分配書》一本面呈請示。蔣公將此書交中央黨部研究，認為與《民生主義》之旨相符合。是時正當世界經濟恐慌之際，而同蒲鐵路招考閘夫四十名，報名應試者竟達一千四百名之多，失業情形之嚴重如此。公於十一月十日太原綏靖公署與山西省政府聯合擴大紀念周，發表：「開闢造產途徑，解救失業恐慌」講話。提出物產證券的主張，引起國內外各大報紙及經濟學者的討論。如天津《益世報》，廣州《民國日報》、《銀行週報》，美國出版社社長費堯，英國自由經濟協會研究部主任畢奇，倫敦英法美幣制改良協會會員費蘭等。先後出辯難題，皆經一一答覆。應各方請求，彙印為《物產證券討論集》，出版後，素對錢幣革命有研究之徐青甫、劉之任先後到并研討物產證券的理論與實施。且其時正當我國受美國白銀政策之影響，現金外溢，中央亟謀改革幣制解決銀慌問題。蔣公於二十四年六月巡視四川時，連電催索此書，會先後由并寄呈多本，以供參考。當時對法幣政策之決定，實有影響。

《物產證券》與《按勞分配》的內容要義，在積極方面，以物本位的，「物產證券」，改革金代值的貨幣，以消弭因物產滯銷而引起失業恐慌的弊害。以「資公有」，「產私有」的按勞分配，取消私資剝削的罪惡。消極方面，指出馬克斯對現社會病之認識及醫治的錯誤，在思想上徹底粉碎共產主義。當時有左傾學者數十人先後與公辯論皆，言為之塞。

民國二十四年蘇聯駐華大使館商務參贊赴五臺河邊村訪公說：「解決世界問題，不是理論問題，而是勞動的人民跟誰走不跟誰走的問題。」公說：「參贊是不是可以代表蘇聯的勞動者？我對蘇聯的勞動者講幾句話。如果勞動者贊成我的話，那麼我的主張就對了。如果勞動者贊成你們的共產主義那我就不再講了。」他說：「很好。」公說：「共產主義是土地公有，工廠公建，收下的糧食，造成的產品，完全交給政府。」俄參贊緊接著說：「還應該加上一句：『人民需要的政府分給他。』」公說：「是這樣，我也是要這樣說的。而按勞分配是土地給農民耕種，收下的糧食，除了開支，全歸農民。工廠給工人使用，造下的產品，除了開支，全歸工人。請問勞動者贊成誰？」俄參贊說：「贊成你的。」索取原書一本寄回俄國。二十六年抗戰軍興，此書流入延安共黨所辦之抗日大學中，學生爭相傳閱。共黨王若飛、王思華、勉之三人於民國二十八年著《閻錫山先生學說之研究》，對公主張根據馬克斯學說，有所辯論。艾思奇對公的思想亦曾著文批評，經予辯正，皆無反駁。公以「為人類謀幸福，替造化表功能」為中心思想與畢生努力之目標。目睹由於私資生息，金銀代值，形成勞資對立與失業恐慌，引起帝國主義的戰爭，共產主義的鬥爭，將陷人類於毀滅之中。乃提出物產證券之合理措施，按勞分配之公道制度。在晚年所著之《世界大同》，《三百年的中國》兩書中，更就政治、經濟、社會、家庭、倫理各方面作有系統的申述，指出改革社會制度，消弭赤禍，安和世界，造福人類的正確途徑。

蔣委員長於二十四年十月再次蒞并，與公面商經濟政策及安定西北計畫。嗣公於十一月十三日飛京。蔣公並派張群，何應欽、黃郛、黃紹紘等分組小組，分別與公研討救國方針與軍政各項措施，月終返并。十二月九日主持太原綏靖公署山西省政府聯合廣大紀念周，講述國家危難情形，提出「應付國難之我見」，略謂：「我所謂國難有目前之國難，重在日本。有將來之國難，重在蘇俄。國人應付國難之主張，一為忍耐，一為犧牲。我認忍耐必須保持住人心不瓦解。犧牲必須避免日、共夾擊。故非忍耐與犧牲對不對之問題，乃能否保持與避免之問題。但其要點，只有自強，以求自存自固，舍此別無良法。今日言自強，只有加速加強的集中人力，發展物力。切實言之：即在社會方面，應解決土地問題，消弭階級鬥爭，以圖集中人力。在經濟方面，應實行物本位貨幣，開闢造產途徑，以圖發展物力。而在政治方面，尤應規定公務員『貽誤罪』，以求加速加強發揮政治效能。即應規定：凡為貪圖私利而遺貽公務者，處死刑。凡為瞻徇情面而貽誤公務者，處無期徒刑。凡因才識不足而貽誤公務者，處有期徒刑。蓋因今日國家危險已極，非先使全國公務員一改麻木不仁之積習，掀起救國必要之精神不為功。故必須用此非常辦法，一振前此安於亡，是其亡之輿論與習慣，以求振衰起廢。不然甚或日困一日，人心瓦解，其弱者附異國以求富貴，強者投赤化以圖報復。」並言此次到京，以此面陳委員長，甚表贊成，並已聯名向中央提案。公在此次講話中說及國家危難時，為之聲淚俱下，眾為感動。

民國二十四年共軍由江西竄據陝北，公即認其必禍晉，一面擬定土地村公有計畫使「耕者有其田」，呈請中央核示，以圖根本解決土地問題，安定民生，而杜共產黨煽惑之空隙。此計畫僅作調查，未及實施。一面親寫《民眾士兵學生防共課本》二十四課，與〈防共歌〉。歌詞曰：

一、共黨殘忍殺人如割草，無論貧富皆難逃，富人要覺悟，窮人要知道，共黨來了一齊都糟糕。

二、共黨騙人他的法子巧，土地給人買人好，等到收糧食，他又全拿跑，先甜後辣教人受不了。

三、民眾防共需要有武力，武力要從操練來，防洪保衛團，操練要勤快，練下本事才好保家財。

四、好人壞人自古不並存，好人團結制壞人，主張要公道，團結要精誠，好人團結壞人要自新。

五、共黨騙人共地又共糧，先甜後辣把人哄，我們不信他，另有好主張，按勞分配公道又適當。

六、物產證券實能救人貧，但有勞力就能行，有貨不愁賣，工作易找尋，物產證券利國又利民。

七、共黨騙人一共分三期，先甜後辣勿受欺，第一買好期，給你小便宜，分糧不必買你心歡喜。

八、傷心掉淚第二強制期，你的身家不由你，男當赤衛軍，女當慰勞隊，父母妻子永久兩分離。

九、驚心動魄第三殺戮期，稍不如意殺無疑，不是填砲眼，就是刀砍你，江西陝北殺人如螞蟻。

以此實施防共教育，一面成立主張公道團，組織民眾，團結好人，制裁壞人，使共產黨地下組織無從滲入。一面令全省各縣組織防共保衛團，成為面的防共武力，因之晉綏官民對共匪，人人有普遍明確之認識，處處有有組織的自動防衛力量。

民國二十五年（公元一九三六年）二月，共匪果傾巢由陝北渡阿犯晉，公所部在孝義仲家山一役擊潰其主力後，共匪分竄，備受各地民眾及防共保衛團打擊，並擊斃匪之悍會劉子丹，不二月而全告肅清。世人多公之智勇克平大亂，或以為共黨不足畏矣。公乃命造一大鐘，上鑄「勿忘國危」，字大逾二尺，懸之在官邸新築之鐘樓上，晨起，分四步親擊，先擊四聲，緊急八聲，緩擊十一聲，再平擊六聲，蓋按四字筆畫而寓「喚醒、緊張、繼續、長期奮鬥」之意焉。

是年，日本曾派土肥原來并訪公，要求「中日經濟合作」，願以公為橋樑。公謂：「中日經濟合作，本屬應該，但須公平，各以所有易其所需，不得強為傾銷。」會應《日本電通社紀念刊》著一文暢論此項互助合作兩有裨益之主張。又日本內閣曾派興中公司社長十河信二來太原謁談，表示不贊成日本對中國有軍事行動，盼能中日經濟合作。公於會談中曾謂：「遠在千年以前，中日兩國交通在不便時期，尚能和善相處。現在文明進步，交通發達，而兩國國交關係，反多生隔閡，顯為時事顛倒現象。且如或中日戰爭，是為共產黨造機會，其結果必然兩敗俱傷。今後兩國實應共同努力文化、經濟互相提攜，公平合作。並對合作張由貿易合作而生產合作，由生產合作而生活合作。不止為中日兩國應如此，即以世界經濟關係論，欲化敵為友，化險為夷，亦應如此。」臨行公贈詩一首云：「亞洲民族半淪顛，挽救全憑先進賢。若以同種為對象，漁人得利在眼前。」及日本失敗後，其國之有識者痛定思痛，益佩公之卓識。嗣日軍侵華行動，益趨積極，公毅然提出「守土抗戰」口號，發動晉綏軍民先起備戰，復成立犧牲救國同盟會，號召愛國青年，參加準備抗日工作。秋冬之際，日軍侵我綏東，守軍本公指示奮超抗戰，十一月二十五日一舉攻克百靈廟，舉退犯敵，造成名震中外之「綏東抗戰」勝利事蹟。

十二月蔣委員長飛蒞西安，督張學良、楊虎城剿匪，突被張、楊劫持，演成雙十二「西安事變」，人心惶惶，舉國震驚。公於十三日急分派趙丕廉（時為太原綏靖公署駐京代表在京）、傅作義（時為綏遠省主席兼第三十五軍軍長，在綏遠）、趙戴文（時為太原綏靖公署總參議，在并），即時分飛西安設法營救。又以十萬火急手電致張、楊文曰：「來電均誦悉。環讀再三，驚痛無似。弟有四個問題，質諸兄等：第一、兄等，將何以善其後？第二、兄等此舉，增加抗戰力量乎？減少抗戰力量乎？第三、移內戰為對外戰爭乎？抑移對外戰爭為內戰乎？第四、兄等能保不演成國內之極端殘殺乎？前在洛陽時，漢卿兄曾涕泣而道，以為介公有救國之決心。今兄等是否更以救國之熱心，成危國之行為乎？記曾勸漢卿兄云，今日國家危險極矣，不洽之爭論，結果與國家不利，當徐圖商洽。不洽之爭論，尚且不利國家，今兄等行此斷然之行為，增加國人之憂慮，弟為國家，為兄等，動無限之悲痛。請兄等亮察，善自為之。」公自「九一八」事變至「七七」事變之六年間，以堅強決心，深妙運用，促成堅決抗戰國策，粉碎日本軍閥在華北遊說誘迫之陰謀計畫，並盡其最大努力，斡旋國事，使國家不至分裂。

民國二十六年（公元一九三七年）「七七事變」起，公即於八月六日晉京參與國家大計。時有主張「焦土抗戰」者，有主張「糖包政策」者，公贊成採長期抗戰方策。或慮有不服從者，公即誓言：「政府抗戰為民族爭生存，為國家求獨立，倘有不軌，願親往說明之，必能說服之，若無效，願以身殉之。」抗戰開始，公任第二戰區司令長官。八月八日，日軍侵入北平城。二十七日又侵入張家口，再由平綏路進犯山西。九月公指揮所部，迭挫敵鋒於晉北平型關。十月初大戰於原平、忻口等地，敵將坂垣所部最精銳部隊十餘萬眾被殲逾四萬，實為抗戰開始之首次大捷，全國人心振奮，使日本軍部對我「速戰速決」之計畫，遂成夢幻。

九月二十四日保定失陷。十月十日石家莊繼陷。邢臺、邯鄲先後不守。十月二十六日娘子關破。敵沿正太路西犯，策應其晉北軍以會攻太原。我軍晉東方而敗退，晉北因之亦陷不利，太原終於十一月八日撤守。我軍沿同蒲鐵路及晉西公路且退且戰，守點控面以收持久消耗敵人之效。公駐節臨汾，安撫軍民，整訓部隊。一日公正對青年軍官訓話，敵機忽低飛上空，公不為稍動，仍娓娓不輟。人固佩公之大無畏精神，但仍以危險力勸。公曰：「軍事行動，日處險境，惟不懼不亂者乃勝。今日之事，我若不定，大家必亂動，正予敵以目標，則同歸於盡，孰安孰危，絲毫不敢苟也。」

十二月十三日首都淪陷。公於二十六日赴漢口出席會議，參預政府實行「全面戰的戰略」決定，於二十七年一月三日返臨汾。公堅認抗戰為中華民國復興之最好機會，特提出「民族革命」口號，主張一、鞏固擴大民族統一戰線，堅持持久戰，爭取最後勝利。二、創造政治化主義化的國民革命軍，武裝民眾，廣泛的開展游擊戰爭，建立抗日的游擊根據地，貫徹全面抗戰。三、切實執行優待抗戰軍人家屬，改善士兵生活，撫卹傷亡，安置殘廢。

四、組織全國民眾參加抗戰，全國人民（漢奸除外）都有抗日的言論集會出版結社之自由。五，改善各級行政機構，肅清貪污，建立並鞏固抗日民主政權。摧毀敵偽組撤，剷除漢奸賣國賊，並依法沒收其財產。七、切實執行合理負擔，逐漸減租減息，救濟難民災民，改善人民生活。八、實施抗戰的經濟政策，扶植手工業，發展農業生產。九、推行民族革命的教育政策。十、國內各民族一律平等・共同抗戰。聯合世界弱小民族與被壓迫民族及和平國家，爭取中華民族的獨立自由，擁護世界和平。為民族革命十大綱領，「以弱變強」，「以弱勝強」雙管齊下辦法，以達「由抗戰勝利到民族復興」之目的。設立民族革命大學廣收全國革命青年，先後約萬二千餘人。公每晨到校作課前講話，實施精神教育，極為有效，彙為《民大課前講話集》。

民國二十七年（公元一九三八年）春，敵焰方張，抗戰展開全面、踏入持久、艱苦階段。公為發揮革命精神，加強奮鬥力量，擔負由「民族革命到社會革命」之任務，適應戰區軍政民各項工作之需要，特發起組織民族革命同志會，即由當時第二戰區駐在臨汾之首腦及各地負責同志為發起人，於二月十六日在襄陵溫泉舉行會議，成立民族革命同志會，提出：中心思想為物產證券與按勞分配。中心任務為由抗戰到復興的民族革命。組織原則為組織責任心和民主集中制。工作方式為集體領導，集體努力，集體制裁。行動作風為知錯認錯改錯，反求諸己，取得人心。組織生活為互相批評，檢討錯誤，嚴格的小組生活。並通過《民族革命同志會公約》：其內容為：一、民族革命之目的在爭取抗戰之勝利，一直做到民族之復興。二、本會同志應努力於抗戰之種種工作，以求抗戰之勝利，努力於迎頭趕上之種種工作，以求民族之復興。三、本會同志之集合，在集體努力，集體監察，集體制裁，以加強工作效率，使一切政治軍事突飛猛進。四、本會會員須有充分組織責任心，以促各種職務責任心之圓滿表現。五、本會紀律，絕對實行煙、賭、贓、欺的自治禁絕，與放棄組織責任心的嚴厲制裁等項。抗戰八年，公領導戰區軍民，堅持敵後作戰，始終不退過黃河一步，卒獲勝利者，此組織之力為多也。

爾時，公創「民族革命戰法」，著《抗戰最高峯》及《無條件的存在》，指明奮鬥之目標與爭取成功之道路，故人人興奮，樂於犧牲一切，努力抗戰工作。其後敵勢愈張，而我軍民在公領導下，愈挫愈奮。所有軍政措施，俱在戰鬥中建立，艱苦中進步。在此期間，公駐節吉縣，領導指揮，晉西北以臨縣岢嵐為中心，晉東北以五臺山區為中心，晉東南以沁縣長治為中心，晉西南以中條山汾南為中心；建立四大游擊區，暨各游擊根據地互為連絡策應，造成抗戰堅強堡壘，牽制敵人約五十萬眾，以致敵愈陷愈深，我愈戰愈強，皆此組織力量，軍民團結之效也。四月中央檢討戰局蔣總醫華北戰局謂：「……山西各部隊能如計劃駐於原地，遵令游擊，未有一兵退過黃河右岸。敵軍雖打通同蒲路，仍於我軍毫不能加以損害，且到處被我軍襲擊，其路雖通而實未通也。至其欲肅清山西與黃河左岸之我軍，更不能達到目的，軍事至此，勝負之數已定其半，敵軍不僅無勝利之望，其敗象已漸顯明矣。」

民國二十八年（公元一九三九年）春，因自上年十月二十五日武漢撤退後國內外均受影響，以致抗戰進至更艱苦階段，公率所部三十餘萬人，在晉西保有十一完整縣，萬山叢立，地瘠民貧，軍糧民食，極感困難，當召集各縣人民代表及縣長開會時，說明此種實情，官民一致聲明願請軍隊抗拒日寇，保衛地方，人民盡力供給食糧，顯示軍民合作無間。公即定實施政治領導，組織民眾，鞏固游擊根據地，造成群眾基礎，軍民打成一片，使「生活」、「生產」、「戰鬥」合一。並於二十九年六月創行「田賦徵實」，對軍公教人員實行「實物配給」，於是人民便利，軍食充裕，三十年夏中央令全國實行之。

先是民國二十六年九月二十二日，中央向中央輸誠，願受領導，共赴蓟難，其紅軍編為第八路軍，歸公節制指揮，旋改為第十八集團軍，共酋朱德、彭德懷、周恩來、徐向前等同來太原，表示服從命令，共同抗日。乃由林彪率一一五師分駐中條山、呂梁山一帶。賀龍率一二〇師分駐晉西北岢嵐、興縣、保德一帶。劉伯誠率一二九師駐正太路南上黨一帶。聶榮臻率部駐晉察冀邊區。乃其部隊入晉後，不聽指揮，不打敵人，專門繳收國軍槍械，搜括人民財物，擴大組織，赤化農村。後竟到處襲擊國軍展開鬥爭清算。二十八年十一月十八日韓鈞等所部決死隊受共黨鈎結，實行叛變。公處此日共軍交相煎迫苦境中，領導軍政民，克服萬難，堅決奮鬥，粉碎敵人多次進攻。因在不斷克服困難中求存在與發展，故選定壺口東岸吉縣西部地區，指揮官兵，就山崖土岡，自行挖闢數以千計之窯洞為司令部所在地，名之曰克難城。其涵義所在，除對日、共、偽、叛敵人戰鬥外，更特別注重全體幹部內力之培養，對物質困難環境奮鬥，堅具「進吾往也」之精神，與犧牲一切所有與享受，而表現成功成仁之最大決心，充滿無不能的精神，勝任最艱鉅工作，其中由兵官鑿石自行碇建，公親題「實幹堂」、「利幹堂」、「樂幹堂」、「合謀室」、「競賽室」、「克難室」、「萬能洞」、「種能洞」等，寬敞而堅固，巍然而聳立其間，象徵「抗戰必勝」、「建國必成」之信念。至「洪鑪臺」尤特宏壯，為洪鑪訓練中心，雖處國防最前線，日夜礮聲不絕，而日夜從事訓練各級工作人員，組訓民眾，整訓軍隊，增加生產，使軍隊日益壯大，政權日益鞏固，完成軍政民化合的力量，發揮「人定勝天」、「事在人為」、「幹部決定一切」之精神，撐持華北，屏障西北，援應華南，遙拱陪都，終於獲得最後勝利。公自製〈洪鑪歌〉，其詞曰：「高山大河，化日薰風，俯仰天地，何始何終，謀國不豫，人物皆空，克難洪鑪，人才是宗，萬能幹部，陶冶其中，人格氣節，革命先鋒，精神整體，合作分工，組織偵導，決議是從，自動徹底，職務惟忠，抗戰勝利，復興成功。」又有〈克難城感懷〉：「一角山城萬里心，朝宗九曲孟門深，俯仰天地無終極，願把洪鑪鑄古今。」

民國三十二年（公元一九四三年）抗戰進入最艱苦階段，公時兼山西省政府主席，為使「土地問題」與「國防問題」併為一談而處理，「民族革命」與「社會革命」熔為一鑪而解決，根據訪問人民所得之意向，提出劃時代之「兵農合一」制度，在晉西二十餘縣首先實行編組服役、劃分份地、平均糧食等工作，做到種地人多，打仗人多，增進糧食產量，加強作戰力量，乃得安渡抗戰最嚴重難關。至勝利收復各縣，次第推行，亦成為支持戡亂戰爭之主要力量。三十五年十二月間在京山西士紳七十餘人會聯名電公謂「兵農合一」不盡適宜，請緩實施。公當即以「為政不敢違時」詳為解釋，彙為《實施兵農合一之商榷》一書，其中三十六年一月六日復賈景德（字煜如，山西沁水人）函中有「……兵農合一為救國救鄉之唯一途徑，我既認識此，主張此，又在元首前建議，富面承諾在山西試辦此，按之當前山西環境，亦誠需要此，不變更此主張，不諉卸此責任，此即我追隨國父的革命人格，報效黨國的革命歷史，一切犧牲在所不惜，毀譽成敗更非所敢計也。佛說：『我不入地獄，誰入地獄』。托爾斯泰主張『勞動即持鍬而死於工作』，以其行符於言也。我既主張『兵農合一』，我還能不在『兵農合一』上犧牲一切？否則，無以對元首，無以對國家，更無以對桑梓。此係山西安危所關，本黨存亡所繫，我決非固執己見也。來電所述反對者藉口的話，有善意者，有惡意者，茲分別答覆。……」時事推移，人漸覺醒，迨三十八年五月間立法院第一屆第三會期第二十三次會議審議「兵農合一」案，認為全國共需，特通過《兵農合一綱要》，咨行政院實施。

繼在晉西實行兵農合一之後，又有「新經濟措施」。其基本目標，在粉碎敵人的經濟封鎖，實行自給自足。政府根據全面的需要，計畫生產，廢除私商，化商為工，人人合作，全面互助。產品由合作社接收，發給合作券，有多少物，發多少券。物券相符，故無物價波動，券值貶低之慮。社會上只有正當生活的供給，而無奢侈享受的供應。

由於兵農合一制度與新經濟措施的推行，人人生產，人人勞動，人人皆有工作，人人皆有生活，做到生活、生產、戰鬥合一。並以工作保障生活，以生活管理行為，使人盡其力，力無靡費，做到無愚人，無窮人，無閑人，更無壞人。由家家計畫，到村村計畫，做到家家有餘，不僅適應了艱苦抗戰的需要，亦為社會性的一大改革。

民國三十四年（公元一九四五年）四月墨索里尼死。公認軸心即將崩潰，當由克難城移節前方隰縣城，策畫收復事宜，並訓練擔任收復工作幹部。繼而盟軍攻入柏林，德軍失敗後，公即認日軍之失敗為期不遠。此時公因美國總統羅斯福逝世，特述感懷謂：「世界由黑暗轉為光明，人類出於苦海得到安樂，羅斯福總統實有領導責任。惟我國對其逝世，更當努力現代化。因論者謂第二次世界大戰，以中國不能現代化為導火線。此項評論，不能謂為毫無理由。若第三次世界大戰，再因我國不能現代化為導火線，則將無以對世人，及所企求之世界和平。故應加速努力現代化，以負安定世界更大責任，以增進維護將來世界之和平幸福。」七月中遂由隰縣城進駐第一線之孝義城，積極佈置收復工作。八月十四日日本宣告投降。預派各路軍隊前鋒自十一日開始分別以最神速之行動，衝破共軍堅強阻撓，分道挺進，十六日進入太原、臨汾。十五日即先進入運城，二十三日進入長治，不三週而光復代縣、大同，全省一百零六縣市，除共軍所佔縣城外，有七十九縣市復回祖國懷抱。二十二日奉中央派為山西抱降官。八月三十一日安全進入太原綏靖公署，完成勝利凱旋。光復後解除日軍武裝，進行各項接收，迅速而確實，被推為全國之冠。十一月十八日飛陪都重慶述職，報告敵我情況及軍政措施，並密陳救國之道。朝野以公勞苦功高，備致推崇。二十九日飛返太原。

公對共產主義，共產黨瞭解最深，認識最明，且在抗戰期間因指揮第十八集團軍及與接觸之經驗，早斷定其必不能與政府合作，故於重返太原之次日（民國三十四年九月一日公元一九四五年）即令太原外圍及其他重要防地，積極構築工事。以共匪對我將為建其戰略目的，必以絕對優勢兵力先圖攻擊我外圍，壓迫我主力據點，再攻我城垣守軍。其戰術慣用鑽隙、包圍、斷線、孤點，而皆以人海戰為主，以施其坑道戰、對壕戰、疲勞戰、逗子彈戰。且選定攻擊點時，即集中兵力火力，以求強烈之突破。公在作戰計畫上，決定採防禦戰略，攻擊戰術。根據此戰略戰術，以作有效之對策，先後構築成鋼筋水泥碉堡三千七百餘座，每座可供裝備齊全之連生活戰鬥單位之用。又令太原總兵工製造廠及各地分工廠盡量大兵工製造，並普遍組訓民眾，組織愛鄉團隊。共軍果未一日停止進攻。和談調處期間，國軍遵令停戰，適予共軍進攻之機會，晉省縣城因之於此時陷入共軍手中者三十有七。三十五年三月三日美特使馬歇爾將軍到并晤公。次日公歡送馬歇爾同車赴飛機場，中途，馬歇爾謂：「我要調處，並確信能解決你們國共的衝突，因我主張的條件，對中共方面，比蘇聯對他們還好。」公謂：「特使所說的是交易性的話。如共黨是交易性的目標，人願賤賣，則交易一定能成。如共黨是要工廠的目標，則無論如何賤賣，亦終不能有成。」馬歇爾將軍謂：「先生以為中共不會真正妥協嗎？」公謂：「這話我不願肯定。不過應看共黨是否肯放棄他們世界革命達到無產階級專政的目標？」馬歇爾將軍謂：「美國對中國問題，全看調處的結果如何？若調處不成，即將撤退一切。」共黨以赤化世界為目標，不達目的，絕不休止，今事實證明，公之觀察為如何正確，而美國適鑄成一錯再錯。

民國三十五，六兩年間，共軍在晉省各地發動無數次大小攻擊。所有大同、應縣、忻縣、中陽、曲沃、運城、臨汾等地守軍，在公領導下，與共軍浴血拼戰，在戡亂史上留有不可磨滅之偉績。三十六年春，晉中即被圍困。公配合兵農合一社會基礎，繼續新經濟措施精神倡行「平民經濟」，穩定物價，去除剝削，簡化生活，分配工作，保護生活，配給實物，消除人心之不平與不安，普遍發動人民「自清」、「自衛」、「自治」，使共黨地下組織與小武裝全遭破滅。在「生活平等」、「勞動平等」、「是非平等」、「犧牲平等」四大平等原則之下，發動起晉中軍民堅決戡亂之「總體戰」。同時動員緊急築成環城鐵路，便利運動兵隊補給。郊外修建飛機場數處，便利空軍空投。

民國三十七年（公元一九四八年）六月共軍集六十萬眾，乘國軍掩護人民夏收之際，猛攻太原外圍，公為防其各個擊破，以全部兵力集守太原，建立「載鬥城」的體制，規定戰鬥城十二行動綱領以為集中太原後的奮鬥目標，主要在徹底實行生活生產戰鬥合一，人人直接間接參戰，一切人的勞作為了戰鬥，以建立戰鬥城。在整體工作之下，貫徹四大平等，做到政治軍事化，生活戰鬥化，勞作生產化，健全開展的種能與說服感化的團力，收復全省，完成兵農合一的政治。並根據此奮鬥目標，訂定《戰鬥城十二行動綱領》如左：

一、戰鬥城以太原區的要塞圈為起點，其範圍內所有男女成員、均須編組起來，直接間接向戰鬥目標努力。建立起地利上的工事堅固陣地，與人的堅強意志的團力，尤須提高旺盛的自學精神，嚴密的管理政治生活行為，徹底實行鐵的紀律，使戰鬥城成為嚴肅的民眾進步學校，保證戰鬥城圓滿完成。

二、戰鬥城的成員要養成親愛互助，忠貞團結，上下一致的整體團力，並以進步的戰鬥作風，保證不懦、不懶、不偷及永久不變節的本質。

三、徹底劃清國家與國家的敵人，堅決的剷除國家的敵人，使戰鬥城的範圍內，皆為國家的成員，沒有一個兩面的人，建立起與國家的敵人不並立的精神。

四、實行精兵政策，確實的選官練兵，加強殺敵術能，緊密軍中政治空氣，提高殺敵企圖，一切為了前線，一切支援部隊，作到守必固，攻必克。

五、實施兵農政治，組成生活生產戰鬥合一的戰鬥體制，緊密社會政治空氣，選訓種能幹部，發揮說服感化的種能政效。壯大開展力量，向下看組訓民眾，向外看解救匪區人民痛苦。

六、戰鬥城範圍內的成員，無一人不勞作，且無論是精神勞作，身體勞作，均須每人每日服二小時（或每週一日）的建設勞動，實現以企圖支配身體，以物質表現力量。

七、戰鬥城內實行歷史上的戰時經濟，在只求共生，不謀私蓄的生活原則下，以勞動結果的生活剩餘，增大了再生產的資本。

八、在戰鬥城範圍內，盡量施行建設工作，購製機器加大工業製造，擴大永利，實行機器耕作，改良種子，開墾荒地，並本行政院頒佈設置合作農場辦法，建立合作農場，實行集體生產，增進生產效率。

九、實行人物管制，凡有害戰鬥城的人物往來，絕對管制，無益於戰鬥城的人物往來，相當管制。

十、普遍實施軍訓，統一戡亂認識，集中戡亂力量，加強殺敵技能，以適應戰嗣需要。

十一、加強青年及兒童戰時教育，培養革命新生力量，新聞報章以報導激勵剿匪殺敵，推崇「戰鬥英雄」，「勞動英雄」加強宣傳，揭發共匪陰謀為重心，並實行娛樂機會均等，以激勵戰鬥情緒。

十二、凡須救濟的人，施行工作救濟，自養不足的人，施行分潤救濟。

全體軍民、在戰鬥城行動綱領旗幟之下，鬥志昂揚，生活鎮定，守軍援軍密切配合，陸軍空軍互相支援，而市民在敵火攻擊下，亦均各安其業，各盡其力，參加戰鬥工作，冒險助戰，此種軍民協力沉著應戰之精神，與碉堡工事之堅固，武器彈藥之充足，肅偽工作之徹底，實為長期苦撐，粉碎共軍六次總攻之四大因素。

民國三十七年（公元一九四八年）冬徐蚌會戰，軍事失利，大局逆轉。十一月八日蔣總統重申戡亂決心。平津軍事日趨緊張。公以國家危急，於十二月二十八日飛京，當晚晉謁總統，密談數小時之久。二十九日三十日先後應邀出席立法院、監察院歡迎茶會，分別各作前方軍事政治實際情況與繼續奮鬥計畫報告，兩院委員對公長期堅苦卓絕表現與挽救危局方策，極表贊揚與支持。

民國三十八年元旦離京飛并，總統暨軍政首長社會賢達齊集機場歡送。是日總統發表文告堅持戡亂國策。一月十六日天津陷入匪手。在此前後，公曾六次電華北剿匪總司令傅作義，總意勉以「只有犧牲奮鬥，萬不敢僥倖共存。」乃傳於一月二十三日竟與匪訂立所謂和平協定，匪軍遂侵入北平，華北易勢，太原成為華北最後之孤立據點。國人喻為「赤海孤島」，軍民食糧，成為極度困難問題。總統於一月二十一日引退，中樞失重心，太原愈困難。公於二月十四日由并飛青島轉上海晉京報告太原堅守情形，並與各當地空運機構主管暨國防、財政、交通、聯勤各部首長面洽繼續加強，青島辦理空運空投等事，以穩定堅守之必要條件。十七日飛奉化謁總裁蔣公，在妙高臺徹夜深談，又次日返并。三月二十九日奉李代總統急電召晉京議大計，第三次飛京，商討國事。四月十一日第二次飛奉化謁總裁蔣公。十二日返京參加李代總統主持之「和戰會談」。匪即傾華北全力正規軍四十萬，民兵二十萬人，並由平津及東北四平街等處調集最新式山野重砲、高射砲、榴彈砲多門，由匪悍酋徐向前、彭德懷先後親自指揮督戰，大舉猛犯。公原定速返，以遂其與太原共存亡之初衷，惟總裁堅主留京。公謂：「與太原軍民誓同生死，應即返并。」總裁謂：「太原雖重要，乃國家之一隅，有國家始能有太原，應以國家為重。閻先生應留京，參加主持大計。」公謂：「久在邊疆，對中央一切不熟，恐留亦難以達成任務。」總裁謂：「惟其不熟，乃為超然，主張乃易生效。」

返京後，雖感總裁料事之明決，又受李代總統之堅決挽留，然而心在太原，亟欲返并。距知郊外飛機場與太原市必經之大橋，已被匪軍破壞，守軍趙恭師長亦以身殉，不復能通，而各機場亦已均受匪軍火箭砲控制。中央、中國兩航空公司及陳納德民航空運隊，皆堅決表明勢不能開機飛并。公曾親自要求空降，並願酬以重資，終以事實不能成行。（美國《柯黎爾雜誌》有詳細記載約萬字）公當時萬分痛苦，至廢寢食，自來涼次日，早晚仍以無線電話指揮太原軍事。二十三日南京撤守，下午飛滬，仍與太原通話。次日連絡中斷，城破。太原在此最後一日一夜又半日之慘烈巷戰中，特士負傷殺敵者有之，與樓共焚者有之。其後匪檢討太原戰役，曾稱：「市無完牆，屋無完瓦，屍填壕中，血染地紅，而終無降者。」匪《晉南日報》載：「圍攻太原歷時九月，傷亡三十五萬餘人，做工一千五百萬餘日份，補給軍需物資四億餘公斤。」軍事學家謂：「太原大戰，雙方動員之廣，用物之多，規模之大，作戰之久，戰況之激烈，傷亡之慘眾，實為戰史上最慘烈之攻防戰。其最足動天地而泣鬼神者，厥為山西省政府梁代主席敦厚（字化之，山西定襄人，年四十四歲）等文武人員之集體自殺，縱火焚屍，實踐公「不做俘虜，屍體不與共匪相見」之昭示，為國家存正氣，為民族爭光榮，世人莫不感動敬仰。中國國民黨中央執行委員會常務委員會第一九一次會議議決褒揚。監察院六月廿五日代電致公唁慰。立法院十月三十日第四會期第二次會議臨時動議以太原淪陷時，梁敦厚等集體自殺，慷慨成仁，其壯烈實有過田橫五百人，議決擇地建立「太原五百完人成仁招魂塚」，以發揚民族精神，為萬代子孫樹立「完人模範」。

三十九年三月十四日行政院撥款新臺幣二十萬元，建於臺北之圓山。四十年二月十九日舉行落成典禮，總統率五院院長暨公及黨政軍各首長奠祭，廟貌巍然，豐碑屹立，中外人士，輒來瞻拜，莫不肅然而興。是日公既題「先我而死」大字匾並親撰祭文曰：「壯哉！諸同志之殺身以成仁也，諸同志不直共產主義之違背人情，不滿共產黨之毀滅人類，誓生不與之兩立，死不與之睹面，戰至由巷而院，力盡物竭，集體自殺而焚其體，諸同志此生可謂得其結果而無憾矣！可為諸同志壯！並為諸同志慶！人生於世，誰能避其死，死成其仁，得其義，勝苟生者多多矣！諸同志何幸而得其死，我何不幸不能與諸同志同其果，仍置身於赤禍橫流，耳不願聞，目不忍見，不堪西望之酸痛中，諸同志何幸，而我何不幸至於此耶！諸同志之死，是為人類國家伸正義，求仁而得仁，諸同志固無憾矣。山一息尚存，必繼諸同志之志，與毀滅人類者奮鬥到底！自來背人情害人類者必亡，想此理更為諸同志所深信。諸同志其少待之，待至我到諸同志成仁之地時，必為諸同志痛哭一場，以慶諸同志之壯志，以慰諸同志之英靈！山今日之淚，尚不暇為諸同志灑也，諸同志其共諒之！」

當公應召在京之時，中國國民黨在穗中央執行委員監察委員全體聯名電邀赴廣州，共謀挽救危亡。公初以在京公畢，亟須遄返太原，以未能即往復謝。既而大局陡變，又復電催，乃於四月二十六日飛穗，力謀團結，奔走呼籲，不遺餘力。先後兩度飛臺謁總裁蔣公，飛桂謁李代總統，旋乾轉坤，煞費苦心。其〈過廣州海珠橋感賦〉云：「鋼骨水泥兮，合則兼牢；勞燕分飛兮，孤鳴嘐嘐。大川利涉兮，賴此宏橋。」可以見其意矣。並約集各方志士，組織中國反侵略大同盟，成為反抗共產國際侵略之核心。公在大會成立時，有如下之講詞：

同志們！我們今天開的是中國反侵略大同盟成立大會。我們為什麼開這個會？為了保存我們五千年歷史文化和我們國家民族的生存與人類的幸福。我們定心想想：我們是在什麼時候？什麼地方開這個會？我們真痛心，我們是在失掉了東北，喪失了華中，失掉了江南的一部，南京撤守，危急存亡，千鈞一髮的今天，在南海濱的廣州開這個會。我們真痛心！我們是不甘心扣在鐵幕裡邊過慘酷生活的人，我們是不甘心被暴力凌辱慘殺的人，我們是不甘心久作流亡而無家可歸的人。同時我們更是有志挽救人類浩劫的人。我們今天在場的同志，是要以戰鬥姿態，緊密的團結，堅決的奮鬥，抵抗殘暴共產黨的南侵，進而打回老家去，恢復我們的全中國，解救我們扣在鐵幕裡過著牛馬生活的二萬萬同胞，以撲滅共產黨侵略全中國的兇燄，並粉碎赤化全亞洲侵略全世界的陰謀。同志們！這任務是一個怎樣艱巨的任務，我們怎樣的團結，怎樣的奮鬥，才能完成我們這一神聖偉大的革命事業！

我們的團結，必須本大無畏的犧牲精神，同生死，共患難，以共同的決心，認識一致，行動一致，構成團結的鋼維，在決心上，一定要反共到底！在認識上，要經過多次的研討，瞭解共產黨侵略的手段，致勝的原因，及我們粉碎他的民眾性的政治戰略的方術。在行動上，是要規定我們組訓民眾的步驟，工作進度的期限，以整體的目標，實行分工合作，齊一進步。

我們的奮鬥，要提高我們的學習精神與研究興趣，以計畫工作，布置工作，指導工作，檢查工作，對每一工作，必須經過檢討得失與錯誤，促進下次工作的改善，一定喚起革命青年，民眾領袖，深入鄉鎮，學校，工廠，軍隊，發動起廣大的團結力來，打擊敵人的狂攻「粉碎敵人的陰謀。同志們！我們的奮鬥，須有奮鬥的頭腦，我們的每個同志，必須不斷的武裝自己奮鬥的頭腦，保證我們奮鬥的成功。

知彼知己，才能百戰百勝，我們與共產黨鬥爭，必須深刻的瞭解共產黨：

第一、共產黨是如何發展起來的？由於私有資本的剝削，引起階級的矛盾鬥爭。失業恐慌的威脅，他進了殖民地的爭奪，社會的不寧，世篇紛擾，給共產黨挑起鬥爭赤化世界的機會，把全國人民將都要捲入這歷史上空前未有的最慘酷的侵略戰爭漩渦裡，使所有的人類，都遭受屠殺毀滅的浩劫大禍。這固然是赤色帝國主義所造成，但是同時我們也要確實的認識不合理不公道的舊社會制度的許多設施，不只是不能迎合現代的思想潮流，而且最嚴重的問題，是不能適應大多數人的生活需要，使共產黨把握住道一點，作他發展的良好機會。

第二、共產黨侵略目標是什麼？是要推翻世界各國現有的民主政府，摧毀了現有的社會基礎，改變了人類的自由生活方式。其手段要把已往他認為可東可西的自由生活的教育家、文化人、工程師、科學家、宗教家都逐漸清算劃除了。把受過已往教育的青年學生，都先利用後打擊了。把鄉村裡他們所謂之準無產階級的佃僱農，工廠中無產階級之工人，拿上先甜後辣的欺騙方法，都煽動做他們鬥爭的工具。比如對農民的鬥爭，他是用逐漸清算的方式，先拉上中農清算富農。再扙上小農，清算中農。再拉上貧農，清算小農。最後用獻公糧的方式，清算貧農。其目的是不讓一個人靠自己的財產，靠自己的技術自求生活。必要使每個人被清算後，離了共產黨的生產工具，再不能生產，再不能生活，以此鞏固他的陣營，無論到任何艱險的時候，也不會有一個人動搖，以建立他赤色獨裁主義籠罩下的鐵幕。同時還想叫沒有受到鐵幕生活的人們，自入網羅，跌到他那裡，為他作犧牲，達到他侵略的目的。

我們目前的形勢太嚴重了！凡是不甘心遭蹂躪、侮辱、殘害、屠殺的人，尤其是在共產黨眼目中認為是做革命橋樑的知識份子青年學生，更應看清楚共產黨是一面過橋，隨時拆橋的手段，以免受他們的欺騙。凡是反殺害反侵略的人們，自動的自由結合起來，建立成強有力的反侵略統一戰線，共同奮鬥。

我們更要進一步認識共產黨的做法與行動，是受著共產主義的指導，共產主義是認錯了社會病因的所在，拿上以物繩人的方法，強行人之所不能行，違反人性，滅絕情理，不惜慘酷設人的赤色恐怖，都有其理論的根據。所以共產主義如同一部認錯病的醫書，共產黨是根據錯誤醫書醫病的醫生，不只是不能醫好病，反而促人類速死。促人類速死的做法，一定不會成功，所以我們斷定他必失敗。不過共產黨的失敗，不一定就是我們的成功。因此，我們對共產黨不是空空的說奮鬥，我們是要積極迅速的從習慣上改變自己，從作風上改革政治，從制度上改革經濟，從思想上改革教育，從民眾上實現民主，從科學與建設上迎頭趕上。同時我們堅決的要向一般貪官污吏，作無情的打擊。要向頑固、腐化作無情的鬥爭。尤其是在我們政治主張上，要徹底廢除地主、資本家的壓搾剝削與不平，以鞏固我們的陣營，實事求是的努力，再接再厲的奮鬥，以加強我們的本身，保證我們奮鬥的成功，號召全世界愛好和平的人們，聯合起來，爭取全人類幸福與和平。我們的口號是：

一、不甘心關到鐵幕裡過殘酷生活的人們團結起來！二、不甘心被暴力清算殘殺的人們團結起來！三、不甘心無家可歸久作流亡的人們團結起來！四、不怕犧牲而肯努力奮鬥的人們團結起來！五、願深入鄉鎮、部隊、工廠、學校實地工作的人們團結起來！六、反殺害反侵略的人們團結起來！七、堅定反侵略成功信念的人們團結起來！八、我們奮鬥一定成功！

旋應黨內之推重與國人之熱望，出膺組閣，六月十三日就任行政院院長，兼國防部部長。斯時正值局勢動盪，人心惶惶，人多謂公之組閣，係跳火坑，而公嘗以「其愚不可及也」答之；公實本「謀其事之所當為，盡其力之所能為」，以圖匡救中華民國於不墜。公就職講演曰：「錫山此次承代總統提名，經立法院同意，於國家危難時期，組織戰時內閣。國計民生，萬端待理，惟當前措施，以爭取勝利為第一要著。爭取勝利，政府必須有能，公務員必須廉潔。政府有能，才能治理全國。公務員廉潔，才能領導人民。如何能使政府有能，又必須各部會各責其實，各盡其職。如何能使公務員廉潔，必須使其薪俸足以養廉，能維持其最低生活。同時戰時內閣所有措施，尤宜配合軍事，一切為了前線，一切支援前線。軍事瞬息萬變，爭取時間最為重要，故處理事務，必須敏快，應不分晝夜，隨到隨辦，手續上力求簡化，以免貽誤軍機。戰時後方事務，與前方同樣重要，在後方服務人員，應與前方同樣辛勞，甚至比前方更要辛勞，方能前後方配合。公務員守法盡職為法治的根本，違法失職，其咎維均。不當為而為是違法，當為的不為是失職。錫山決以『不違法，不失職』自處，並希望諸同人本此領導下級，以此作我們行動規範。同時平民心，養民生，用民力，動員全國的人力、物力，以成達戰時內閣的任務。願與諸同人共勉之。」首先發布「戰時施政方針」，根據施政方針，擬定「氛圍時局方案」，七月十三日中央非常委員會提出討論，三十日通過。又根據扭轉時局方案，指定「加大地方戰權」，「收支適合的臨時預算案」（未通過），「改變戰略案」，「發送部隊及公教人員待遇案」、「保衛臺灣海南島案」等，分別交付實施。並於就職伊始，即令「關閉匪區沿海港口」，以斷匪之物資來源。「控告蘇聯於聯合國」，以正其侵略我國之罪名。以及改行「兌現的銀元券」，發行「愛國公債」等，皆為適時之切要措施。

八月五日美國國務院發表《中美關係白皮書》，對中國政府批評頗烈。有識人士多認為美國係落井下石，群情憂憤，公於十四日在反侵略大同盟常務委員會發表《對美國白皮書之觀感》，歷述我國致敗之困，或是環境之支配，或是歷史之影響，或是經濟制度之空隙及挽救之辦法。並懇切希望美國不是以落井下石之意結束中美友好關係，而是此後中美共同反共之從新開始，以期挽救世界危機。

公於三十日通令所屬切實整飭綱紀，切中時弊，國人振奮。爾時忽傳公有倦勤意，國民大會代表全國聯誼會，監察院及各地各界紛馳函電慰留。小學生有集體涕泣函懇打銷辭意者。臺灣大學校長傳斯年八月三十日電公云：「……報載公有倦勤意，無任繫念。多年行政院長之得人，無如我公者。今日認識共產黨之真確，鬥志之強，公務處理之認真，負中外之望，均無有能過我公者。兼以北人之故，對各系派均無恩怨，最便於團結再造，萬盼奮志以圖匡復。斯年與我公索無往來，深知愛國之人，均支持我公也。……」公復電云：「……山以衰年，謬膺重寄，念茲艱難，常恐弗勝。第以時至今日，毒焰洪流，實千古所未有，不獨為國家安危得失之機，且更有民族存亡絕續之懼，稍不努力，即陷沉淪。亭林有言：『有亡國，有亡天下。亡國為士大夫之責，天下興亡，則匹夫皆有其責。』此尚為三百年前言之，此刻天下之興亡關係更重於往昔，每念此語，如芒刺背，固不敢以士大夫常節輕言進退於其間。至與台端雖鮮晉接，海內大名，則欽遲久矣。遠承獎勵；彌凜初衷。此後進退當以國家利害為前提，個人得失，非所計及。……」其後程潛、陳明仁在湘實行叛變降匪，形勢急轉，廣州頓受威脅。十月十二日李代總統頒布命令政府自十五日起在渝辦公。

公十三日在臺灣晉謁蔣總裁，晚在中國廣播電臺對全國同胞廣播：

全國同胞們：共匪違背了天理和人情，他的政策是赤化，他的手段是恐怖，這是他自己標榜的，也是全世界的人共同知道的。什麼叫赤化？就是殺他認為身分上應殺的人，殺的把地皮染紅了。什麼叫恐怖？就是拿上百般的殘酷刑罰，殺行為上反對他的人，威嚇的使人害怕。

我們中國古人說：「天地之大德曰生」，就是說，天地的道理是要生人，共匪殺人要人死，這是違背了天地的道理。按人情上說，人和人應該互相親愛，互相憐憫。共匪以恐怖手段威嚇人，是違背了人情。同胞們想一想，違背了天理、人情，還能成事麼？

我們看看歷史，一個拿上殺人嚇人違背了天理人情的土匪，自古沒有能成事的。李自成打到北平，洪秀全打到南京，不久統統都失敗了。但是李自成、洪秀全還不敢公然說是赤化、恐怖、嚇人。現在共匪竟公然說他是赤化、恐怖、殺人、嚇人，共匪比李自成、洪秀全還要壞的多。李自成、洪秀全不能成功，共匪更不能成功。

共匪現在是瘋狂極了，可是我斷定共匪必然失敗。因為一個瘋人比一個平常好人厲害的多。一個瘋狂的集團，也比一個正道以行者厲害的多，但不久就要毀滅的。共產黨的赤化、恐怖，也是等於人類政治上的瘋子，這個瘋子一時的威風厲害，也是當然的，但不久就要崩潰的。希望大家少等一等，共匪一定要失敗的。

我對被共匪扣在鐵幕中的同胞們，感覺十分慚愧？十分關心，一定要拯救你們，且有方法拯救你們，希望你們忍一忍吧！不過等與忍是消極的，積極方面更希望大家團結起來，破壞共匪，打擊共匪，以不合作抵制共匪，使匪內外受敵，顧此失彼，更使他加快的崩潰。

至於現在我區的同胞們，應當切實瞭解共匪是富人的仇人，窮人的罪人，趕緊團結起來，實行自清、自衛，站在民主國家的立場，拿上人民就是主人的權力，與求生的需要，趕快的清理自已的鄉鎮，保衛自己的家鄉，有錢的出錢，大家出力，更要知道拼命才能保命，捨產才能保產，只要萬眾一心，就是人定勝天，一定能肅清共匪，恢復人民的幸福。

最後我告訴同胞們幾句話：政府一定要堅定勦共到底，求得最後的勝利，達到拯救人民的目的。

我與全國同胞共同喊幾句口號：

一、共匪是違背天理人情的，必不能成事。二、共匪是富人的仇人，窮人的罪人。三・共匪是一個瘋子，一時的力量，比一個好人大，但終久必然毀滅。四、扣在鐵幕中的同胞們要團結起來，拿上不合作的手段，抵制共匪的殘暴。五、我區的人民，要實行自清、自衛、保衛自己的家鄉。六、有錢的出錢，大家出力。七、拼命才能保命，捨產才能保產，這是歷來處亂世的道理。八、只要萬眾一心，就是人定勝定。九、中華民國萬歲！十、全國同胞萬歲！

又對山西同胞廣播：「山西全體同胞們：我這一回沒有趕上回到太原，同我文武幹部及全體軍民共同奮鬥，共同犧牲，我很慚愧！我心上也很不安！現在我天天想到這裡，心上還非常難受。但我在一天，一定一刻不會忘了你們，一刻不會不為你們想法子，解除你們扣

在鐵幕中的痛苦。你們只有咬住牙關，吃苦耐勞，等待我們中國和世界上反共的力量拯救你們。」（餘同對全國同胞廣播詞）

十四日飛渝。十八日出席陪部各界慶祝政府遷渝大會，公出席講演：「以四川為根據地，先求自固，徐圖開展。」乃各方意見未能一致，力量未能集中，公在戎馬倥傯中，博採眾議，根據眾意所趨，擬定「足夠保衛四川案」，並成立「總體戰執行委員會」，以作選訓幹部，策動保衛四川各項工作之樞機。甫有端倪，湘、鄂、川與川北軍事節節失利。十一月九日中國、中央兩航空公司劉、陳兩經理率機投匪。二十日政府再遷蓉，為時至暫，而公在匆促中猶擬定「實行耕者有其田，發動民眾自衛軍蜂起，以消滅入川匪軍案」，期收猛效，並組成「行動內閣」，以圖隨軍游擊，建立大陸上最後之反共力量，惜此提案在行政院會議未獲通過，公深引為遺憾。政府撤離成都時，公臨行赴機場前再三面囑賈秘書長景德將此提案送各報社披露，使人民知政府曾有此項計畫，以播人民懷念政府之種子。

十二月八日公奉樞府遷臺灣，即積極策畫保衛臺、瓊，收復大陸。對保衛臺、瓊特倡實行民眾路線，建立海陸兩個作戰的面，以對付共軍船海戰法之來攻。對收復大陸，特重選訓「革命種能幹部」，以作收復後團結民眾，建立政權之骨幹。

民國三十九年三月一日總統蔣公復行視事，中樞有主，公乃卸任。十五日新閣組成，公本「舊令尹之政，必以告新令尹」之精神，約新任陳院長召集新舊閣員聯席會議，舉行交接，席間仍諄諄以保衛臺、瓊，收復大陸之意見及未竟之政務，貢獻新閣，亦可謂政壇之創舉。公之死守太原也，舉世震動。公之出長行政院也，中外屬望。公之交卸中樞職務也，世人益為欽仰。四十三年二月十九日總統蔣公對第一屆國民大會第二次會議報告詞中，曾綜合此一經過有云：「自三十八年底及三十九年初，赤焰滔天，挽救無術，人心迷惘，莫可究極，甚至敵騎未至，疆吏電降，其土崩瓦解之形成，不惟西南淪陷，無法避免，即臺灣基地，亦將岌岌欲墜，不可終日。而一般革命敗類，民族叛徒，無論文武，多數將吏，惟恐其對敵乞降之無路，陷害政府之不力，更視中正為寇仇之不若，而以共匪宣判第一名戰犯為寛大。當此之時，中央政府幸有閻院長錫山，苦心孤詣，撐持危局，由重慶播遷成都，復由成都遷移臺灣，繼續至當年三月為止，政府統緒，賴以不墜者，閻院長之功實不可泯。」

公交卸行政院長職務後，即卜居於陽明山之菁山，其地原為日據時代之未完成農場，無汽路、自來水、電燈、電話等現代生活必具條件設備，人或難之。公謂：「愈靜愈好。」北人不慣炎熱與颱風之侵襲，乃用石碰築種能洞，深居著述。蓋有鑑於今日之世界局勢，已非某一國與某一國之問題，而成為世界整個之問題，且舉世矛盾瘋狂成為人類安和毀滅之交關，欲變毀滅為安和，須有領導世界之力者提出合乎真理之主張，號召全世界人民為共同幸福而努力，以真理制服強暴，使世界一安永安，一定永定。故不忍緘默，大聲疾呼，全副精神與時間，專注於人生真理，人類幸福之闡明，以促請世界各國人士之興起贊成合力實現也。陸續印行著述。一、《世界和平與世界大戰》。二、《共產主義的哲學共產主義共產黨的錯誤》。三、《人應當怎樣》。四、《日本應當怎樣》。五、《反共的什麼憑什麼反共》。六、《大同之路》。七、《聯合國的責任》。八、《收復大陸與土地問題》。九、《怎樣勝過敵人》。十、《如何造成足夠反共的力量》。十一、《臺中講演集》。十二、《對革命實踐研究院各期講演及問答》。十三、《共黨為何必敗》。十四、《大同國際宣言草案》。十五、《對道德重整會世界大會提案》。十六、《反共復國的前途》。十七、《共黨為何與中國文化為敵》。十八、《反共的哲學基礎》。十九、《與慈航法師論道書》。二十、《孔子是個什麼家》等書。公確認世界不安和之根因為資本主義之剝削與共產主義之桎梏，資本主義下資本家剝削勞動者，給予共產主義發展之空隙，而共產政權桎梏勞動者，又造成共產主義毀滅之因素。共產主義能崩潰資本主義，而共產主義，亦必為勞動者所推翻，禍亂相尋，無有已時。故特提出「政治民主」、「經濟平等」、「文化互助」之「大同主義」，以冀資本主義者自動廢除剝削，共產主義者被迫放棄桎梏，共同走上「大同之路」。即使共產主義者不惜自絕於人類，民主國家不得不使用武力，亦理直氣壯，戰時有反握，戰後有辦法。是以殷切希望領導世界之聯合國，以「大同主義」領導世界。因大同主義駕乎資本主義、共產主義及社會主義而上之，足以消納各種主義而永久安和世界也。

公之思想基於心物一體之中，以宇宙本體為宇宙萬象之母，萬象皆由本體而來。且萬象均是得中則成，失中則毀，反證宇宙本體為中，並以中是天道，亦是人道。萬物均是由中演變而來，且以中成就萬物，所以說中是天道。宇宙間的萬物萬事，無不是得中則成，失中則毀；人及人事，亦然，所以說中亦是人道。萬物的種是仁，如桃仁杏仁穀仁。萬物皆由種能而生，若無桃杏穀的種能，即無桃杏穀的物。宇宙間若抽了種能，則萬物皆無，萬象皆滅，所以說仁是人道。但種能成萬物，必須依中的法則，若違反了中的法則，便毀滅了物的成就，所以說仁道亦是天道。中仁即是「天人合一」之道。

中的表現，是恰當正好，部位上不偏不倚，程度上無過無不及，關係上橫不礙其他，豎不礙將來，人欲有對無錯，充分圓滿的完成事，必須得中。

公以處事得中，在人的感覺反應上謂之對。若失中，則謂之不對。所以中是人事成就的內因，對是人事成就的外徵。蓋人事的對，含有因果相稱之意，如同算學上等號兩邊的數相等，始謂之對。人事重在求對，而事之外徵的對，是根據事之內因的中來的。中在不中的中間，不在不中的反面。當然對亦在不對的中間，不在不對的反面。人事欲求對，應在不對的中間找。在不對的中間找對，是以對的一，規律不對的萬，使不對歸於對，而人事常治。若在不對的反面找，是以這一端的不對，否定那一端的不對，使不對與不對遞相否定，而人事常亂。」爰倡「中的人道」。

公認「中的人道」，是中國儒學傳統之道。堯創之，禹隨之，孔子集其大成，孟子以及後儒闡發之。堯以帝位傳舜，舜以帝位傳禹，均囑「允執厥中」。能執中，人事即有對無錯，人生則有福無禍。孔子祖述堯舜，即發揮中的人道，中仁並提，稱為儒道。亦即人生存繼續歸宿上一貫完成之道。惟孔子先後對子貢、曾子說：「吾道一以貫之。」而子貢、曾子未問這「一」是個什麼，孔子至死亦未說這「一」是個什麼。公除對孔子無時空如明鏡的心境，無限的敬佩外。認此在儒學之根源上成為人弄不清楚的一個缺疑。並謂：「假如二子問『一』是個什麼？孔子可能或『一』定答一是中。何以說是中？因中是宇宙的本體，萬象的來源，中是貫徹萬物萬事的始終的。萬物萬事無不是得中則成，失中則毀，中為萬物萬事的成就律。欲以一貫萬，只有中。孔子說：「中也者，天下之大本也。』天下即萬物萬事的萬象，天下之大本，即萬象之大本。孟子說：『孔子，聖之時者也。』即是時地人上事事得中，無邊大的空間，無限長的時間，無數多的人事，如能時時得中，即能使萬事皆對而無錯，皆成而無毀。一以貫道的話，捨中尚能言何？」公以儒道是中國獨尊之道，純屬客觀的情理，毫無主觀的意念。是以「宇宙萬象來源的中與成就萬物的仁，為處理人事之道，即是『中仁合一』之道。此正是中國由堯舜至今四千年中治人治事之道。國以公為中。君以賢為中。惜夏以君位傳子，成為家天下之後，傳子是私，子未必賢，君位傳子則失中。於是自夏以後，中的人道不在朝而在野，亦即不在政而在俗。」

民國初年印度太戈爾到太原，偕有英漢學者數人。他們向公說：「你們中國是中道文化。我們此行經過上海、天津、北京，概找不到一點中道文化的痕跡。」公答謂：「不只上海、天津、北京找不到，就是太原亦找不到。你們要想找，去鄉村可以找到一點。」於是他們留了一位英國朋友在太原縣晉祠等村住了半年。離山西時，對公說：「在民間的交往上倫理上與婚喪事上還能看出中道文化來。」此可說明儒家的學問自君位傳子以後，即在鄉村而不在城市，在民間而不在政府。

公認「儒學是內外通之學，理慾易位之學，知行合一之學，時中之學。內外通是為學之功夫。理慾易位是為學之成就。知行合一是學成之表現，時中是對事之作為。」公以「人是慾在外而理在內。凡事涉及私，理被慾遮，則是非不清，否則是非明白。正所謂當局者昧，旁觀者清。人要當局如旁觀，須由精成一，窮理盡性，以至於命。明明德，格物致知，化習淨葸，使理向外發，慾向內斂。到物格，知致，習化，葸淨，明德明之境地，即是理慾易位。凡事都是以理智處斷，自然當局如旁觀，是非分明，知行合一，時時適中。」

公曾將儒學天與人的關係分為四個步驟：「一為盡人事聽天命，是以天為主，人事隨之。二為天人合一，是以天人同為主，天道如何，人事亦如何。三為裁成輔相，是以人主天副，以人補天之不逮。四為人定勝天，是以人為主，只要人定其所為。則天亦不能違，即是人定勝天之道。此四個步驟，為儒道人與天關係的次第。人能自立時，始能盡人事聽天命。入到不惑時，始能天人合一。人到理慾易位時，始能裁成輔相。人到習化葸淨時，與未演變萬物以前之天同體，始能勝演變萬物之天，才能說人事全在人，天不能勝人，人反能勝天。人為天地心，可主宰人事。人定勝天，不是孔子所說，而是春秋時申包胥所說。元朝劉祁亦有此話。雖非孔子的話，而是孔子的道。孔子說：『先天而天弗違。』即是人定勝天。」

公認「人道是個全圓，由那裡來，回那裡去，此生方有功用，而得歸宿。如回不去，就擱在半路，跌倒爬起來掙扎，何時掙扎到回去，何時算了。前半圓是仁，孔子說：『唯仁人能好人，能惡人。』好人是仁，惡人是義，義以辨別當愛與不當愛，愛不當愛，反是不仁。故中國的人道，重在防人禍，防人禍即是除暴安良，惲惡彰善。舜為帝先刑四罪，孔子為魯司寇，除大惡七日而誅少正卯。除小惡將早飲羊者棄市，均是以除人禍為先。蓋人禍不除，人福不致，故仁者以智辨仁，以勇成仁，非智仁勇三者兼備，無以為仁者。《論語》記述孔子罕言仁。但孔子說仁處很多，而罕言者，是罕言仁之本質。孔子所言之仁，多是仁之效用。蓋仁之本質不易說明，說即涉及宇宙本體演變萬物之所以，不易證實，徒增口舌而已。仁的本質即萬物之種能，萬物之存在與繼續，均是仁的功用。人事之發生與成就，亦是仁的功用。人道非仁政不足以安人，非仁教不足以正仁政，非仁學不足以成仁教，故仁為人道發展之半圓。人道收縮之半圓是無意必固我，實則無意即無必固我，意皆為我動，因我而有了必固，即是有所為而為之私。試檢查吾人一日所動之意，不外恩怨順逆，好惡愛憎，人我親疏，喜憂樂懼，吉凶福禍，譽毀得失，成敗利害，弄巧施詐，構虛作偽，矜才使氣，誇功顯能，以及爭名襲義，成聖成佛，到西天升天堂等等，此意皆是由外來之事物染惹成習所生。若能習化惹淨，露出本性，則如明鏡照物，物來順應，不來不應，則無所謂意。儒者之學，是以前半圓成就後半圓，亦即是以仁成聖，即所謂窮理盡性以至於命。不仁不足以育萬物發萬事，不聖不足以成萬物正萬事，所謂育發成正皆是中；以仁收穫中，成聖歸還中。所謂中即是無時間無空間，而仁的中是在時間空間之內。孔子所言所行均是無時間無空間的，如孟武伯問孝，子曰：『父母為其疾之憂。』是時、地、人的問答。但不慎疾的人問孝，答以父母為其疾之憂，為無時、地、人的關係。古如此，後世亦如此。離開仁的半圓，即無以成聖的半圓，此儒者之學所以異於宗教哲學者。故可以說孔子非宗教家，亦非哲學家，是以仁成聖，得人生之全圓，由宇宙本體來，回宇宙本體去。若只重前半圓，無得歸宿。若只求後半圓，不能歸還本體，只在歧路上顯神通而已。」

且公力闢中國物質學問不發達，係受儒學影響之誤解，嘗謂：「中國政教的真義是正德利用厚生，正德是以德顯能，利用是以物養人，厚生是以美善人生。孝悌力田，即是重農。日省月試，既稟稱事，所以勸百工，即是重工。至排斥奇技淫巧，不是反對發達物質，是反對在不適於人生處耗費精神。中國古以來教民生活。『不貴異物賤用物，不作無益害有益』。這話正面是發達物質，反面即是打擊奇技淫巧。惟實現正德利用厚生，必須當政者能養中執中履中用中。不幸中國君位傳賢只歷兩代，為時二百餘年，即將傳賢變為傳子，就失了政治的中。政府內不只不能養中執中履中用中，並且有了反中的行為。因君位傳子的專制政體，成了一家的政權，很難父賢子賢孫孫皆賢，為保持不賢子孫的君位，就要忌妬民間的賢能。此等行為，尤其在二千一百多年前，秦始皇統一了中國以後為最。繼秦二千年的政權，均師其意。蓋皆認為中國以外的國家無足為其子孫君位之害者，所慮者即國內的人民，因而施行愚民弱民的政策，不只是物質學問不能發達，精神學問亦成了民間的產物，而不是政治的產物。」

「按儒家的學問，『貨惡其棄於地也，不必藏於己。力惡其不出於身也，不必為己。』是發達物質的個最高力量，亦是道德能力和精神物質合一的個圓滿道德。儒家人道之學的目標是為謀人民幸福，由由以來，說人民的幸福，一為壽，二為富，三為康寧，四為攸好德，五為考終命。富必須加大生產力，正席發達物質的動力，其餘壽，康寧，攸好德，考終命，亦均須發達物質來完成。所以說中國的物質科學不發達，不是受儒家學問的影響，而是受君位傳子的政治力量的枷鎖。明末李自成反政府，就是因政府忌妬他富迫成的。這可以說明不是儒家的學問不許民富，是君位傳子的專制政府忌妬民富。」

公之政治經濟思想，認政治起於人的理性，政治的施為，必須盡到施行仁愛，主張公道，補救缺憾，消除慘痛的責任。且認欲做到此，必須政權在民，更必須由全體人民直接行使政權，才能不為少數人及野心者操持利用。故主張全民的直接民主政治。公對經濟，主張

「資由公給」，「田由公授」全民資本的生產，以勞動定享受，以享受勵勞動，勞享合一的分配。物本位的貨幣，公定價格的供應，成為「資公有」，「產私有」，共財富不共生活，共救濟不共養育的「公平制度」。做到國內無剝削，無控制。國際無搾取，無侵略，無欺凌，建立起全人類的美善關係，實現裕人生，正人行，敦人情的「大同世界」。

公認中國數千年來政治經濟上的病根，在家天下政權私有，廢井田土地私有。公於民國二十五年冬對山西全省公務員講「讀中國史」謂：「自禹以下，皆悲慘之歷史，其病根有二：即『君位傳子』與『井田制廢。』」其後更詳謂：「中國的政治制度，在演變上有兩件事，成為政治設施的病根：一為君位變傳賢為傳子，將政權變公為私。一為廢井田制，將土地公有變為私有。自傳賢的制度變為傳子之後，將增進人類幸福的政治設施，變為人類悲慘的表演。主政者以保持一家的尊榮，為施政的主旨。善焉者雖有為民之政，亦是為己而施。即是以為己為目的，為民為手段。一家之子孫，何能世世皆賢，惡者繼君位則殘民以逞。普傳子以來，無不是善其初而惡其終。我嘗讀中國史，堯舜帝位傳賢，以天下為公，一公一切皆公，是以當時人民之安和，幾乎無以形容。自禹傳子之後，以天下為私，一私一切皆私。歷代開國之君，雖有豪俊，遞傳之君，非暴即昏，非庸即柔；否則或好大喜功，或孤君寡后。暴君則殘賢害能，昏君則聽讒殺忠，庸君則妬賢忌能，柔君則拋賢棄能。好大喜功之君，則逞雄樹敵，兵戎相接，白骨遍野，民不聊生。孤君寡后，則奸臣弄權而竊國，權臣專政而欺君，君子知難隱退，小人乘隙倖進。故歷代政治少福民之舉，官員多禍國之具。夏有桀，商有紂，周有幽厲，皆為家天下之遺毒。繼周而秦，非獨傳子，且謀子孫帝位萬世之業，焚書坑儒以愚人民。漢、唐、宋、元、明、清鑒秦之失，雖改秦之做法，實仍師秦之意旨，防賢妬能，乖學愚民，秦行之以暴，而後秦者行之以柔，實皆以賢能為君室之敵。雖有賢者，生時妬之，死後尊之。雖有能者，用時貴之，用罷殺之。演成中國四千年之悲慘歷史，幾無一冊非此等悲慘之紀載。漢之文、景，唐之貞觀，情之康、乾，皆政治史上曇花之一現，僅差強人意耳，與尊賢用能之傳賢聖之心理，根本不同。餘皆賢能罹禍，讒奸得位，苛政逆施，民不堪命，有心人不忍卒讀，讀之亦未嘗不切齒流涕掩卷而歎息不置也。傳子之毒，浸中國人民深矣。堯舜為中國之聖君，讀歷史者，無不傾心於堯舜，亦不能不責備於堯舜，責其未為後之人類設想也。假使堯舜當時定一憲章，帝位必須傳賢，堅禁傳子，如有違者，人人得而誅之。輔弼之大臣，如有假權力施諂媚而成全傳子者，人人得而殺之。將此憲章，公布於民，並作國民之教材，建立人民反傳子的信力，奠定傳賢的基礎，則不止中國四千年前，即可實現真正之民主共和，其影響於世界民主共和的實現，亦可提早若干年矣。其次則不能不責備於禹，傳賢之聖制，禹當繼而保之，子賢更當防之。假使禹有傳子之禁令，亦可不至由禹破壞此聖制。孟子答萬章問，以當時人民同情啟而不同情益。證之史書，益之功績甚大，而啟則少有所舉。吾人以為傳啟是權力所致，不是賢不賢之所由。況且萬章問時曾說：『人有言，至於禹而德衰，不傳於賢而傳於子。』孟子距禹一千七百餘年，民間尚傳此話，此實為民意之所向。孟子之說或因傳子之勢已成，挽之不易，故不欲再發其論。我雖不敢批評大賢，但假使孟子亦繼孔子之嘆而嘆之，孟子以下之各代儒者，亦相繼而歎之，傳賢之公未嘗不可挽回。即使不易挽回，尚可寄之於人類希求的理想中，不至使後世之學者，反誤孔子大同之說為後人偽造，其違背聖人之旨者，深且戾也。我讀史，至夷齊叩馬而諫，我以為此段歷史，有所失真。『以暴易暴，而不知其非。』為夷齊諫之本旨。蓋見其本者，不言其末，明其真者，不道其偽。孟子謂：『聞誅一夫紂矣，未聞弒君也。』夷齊豈能以不孝不忠責之武王，置紂之殘殺人民而不顧，尚何求仁得仁之足言乎！夷齊叩馬而諫，蓋諷之也。諷其勿蹈傳子之故轍，冀其用兵之初，即布傳賢之令，昭示國人，以復聖制，為用兵之旨，國人聞之何等暢悅，其所諫者在此。否則武王聖人也，紂暴君也，以聖人易暴君，何可謂之以暴易暴！夷齊亦聖人也，豈不辨此。蓋以其若傳子，不過以桀易紂，將以紂易幽厲而已，謂之以暴易暴，方為恰當。夷齊之諫，不是說湯不如桀，武不如紂，是說若傳子，禹等於桀，湯等於紂，武亦等於幽厲。然傳子之制，禹湯共傳四十五代，經過一千餘年，至周更有不可易之勢，夷齊此諫雖太公之賢，未肯實告，避嫌也。歷史亦未敢實書避忌也。可以說傳賢之制，堯舜行之，禹廢之，夷齊諫其復，孔子嘆其廢。此外不只無大同之識者，反而將大同侮為偽造者。餘皆趨焰炎附勢之流，不知政治之真諦，不明人慾之可懼。自傳子以來，雖賢能亦皆生活於殘酷之中，不自知其慘痛，深可慨也。」

經濟方面公認：「自廢井田制，土地公有變為私有之後，將天然供人生產之土地，變為地主剝削勞動者之工具，既奪佃傭農之產物，復滅佃傭農之人口，其殘且酷，亦可謂至極。孟子對井田之廢弛，歎息不置。自秦廢除井田制後，後世之君相學者，亦不少謀恢復井田之人。井田時代之農人，可養八口之家，井田廢後之佃傭農，因土地私有，被地主剝削，僅能養四口之家。我所以說佃傭農，既被奪其產物，復被滅其人口。一方面不勢而獲，驕奢淫逸，一方面終歲勤勞而無立椎之地，惹起佃傭農對地主之不平，發生生活之矛盾，由矛盾而鬥爭，其痛苦且是不能解決不能停止不能忍受的。這不能解決不能停止不能忍受的痛苦，變成一種瘋狂的行為，即成為社會上造亂的空隙。」

以上為公認中國的歷史上演變的兩大病源。使政治的設施，均建立在道病根上，乖戾了一切的政治設施，毀滅了人類的幸福，殘害了人類的生存。公以國父孫先生對這兩個病根，認識的很清楚，所以創立中國的民主制度與耕者有其田的主張。建立民國是兩個病根已去其一；實行民生主義，則二者盡去。且認這兩個病根，不只中國為然，世界各國皆然。嘗謂：「世界各國政治，多為民主，傳子之病象已去，而傳子之病根仍在。結黨競選，仍是賢能求人民，不是人民求賢能，仍是部份的民主共和，不是全面的民主共和。至於資本家剝削勞動者，已為今日世界工業發達之國家的重大問題。這個問題，較之地主剝削佃傭農，尤為嚴重。因土地的生產工具，屬於天然，不易增減，農田的產物，是人生的必需品，不能停止，土地可零星使用，可以產生自耕農。工業機器的生產工具，屬於人造的產物，所產生的產品，多係人生的次要品，易於停止，且工業生產工具，不易零星使用，不易產生勞資合一的工廠，故政治環境亦以工業國家較落後國家複雜而嚴重。今日的政治病根世界相同，所以形成現在世界人與人間國與國間的種種矛盾，由矛盾而鬥爭，戰爭，成為今日人類毀滅的前夕。欲去此病根，政治制度上須實行人民求賢能的直接選舉，經濟上須去除地主剝削佃雇農與資本家剝削勞動者的剝削制度。政治之病根去後，一切制度皆能公平合理。政治上一切設施，皆是成己成人，自無強凌弱、眾暴寡、富欺貧、智詐愚一切的不良現象。政權與人民無矛盾，政治與民需相統一，當然政治易施而政效易見。吾人生於現世界，科學發達，交通便利，距離縮短，往來頻繁，今日之全世界，等於已過的一國。欲謀一國之幸福，須著眼於全世界之大同，必須政治經濟雙方並進。政治上，去階級之不平，使人各平等，實現身分的大同。經濟上去剝削的不平，使勞享一致，實現經濟的大同。國際上大國小國強國弱國間去武力侵略。工業發達與工業落後國家間去經濟侵略，實現區域的大同。使強弱相安，眾寡相融，富貧相扶，智愚相助，無矛盾，無鬥爭，無戰爭，以完成安和的大同世界，此為今日全世界人類之所希求。不然人與人間，國與國間，矛盾仍存，由矛盾而鬥爭戰爭。已過兩次大戰，已足恐怖人心，三次四次以及無數次的大戰，尚無杜絕之把握，加以科學助殺人的武器，人類勢必毀滅在惡風暴雨瘋狂的鬥爭戰爭漩渦中。今日的世界，是人類毀滅的前夕，亦是人類安和的前夕，饑者易為食，渴者易為飲，世界人類久苦於鬥爭的威脅，事在人為，具有領導世界的能力者，登高一呼，全世界的科學家，哲學家，宗教家，工業家以及被剝削被搾取被侵略百分之八十以上的勞動者，一定能風起雲湧，歡欣鼓舞，響應這個號召，安和的走上大同之路，則為人類安和的前夕。若仍循矛盾，而瘋狂的鬥爭戰爭，則成為人類毀滅的前夕。然欲實現大同，必須有大同的認識，建立大局的思想，創造大同的主義，組織大同的國際，循著大同的步驟，走上大同的途徑，建立大同的政府，推行大同的政治、經濟、文化、教育、以完成大同的好景。」

公平日治事分施政工作一為「政務識見」，二為「事務技術」，三為「工務技能」三部以教部屬。蓋以政務識見為發動事的，是定主意的。事務技術為連繫政務與工務的樞紐，亦為發揮政治效力之中心功能。工務技能為完成事務的實工，如各類專門之技能。三者界限分清，乃能責任分明，精神統貫，易收功效。由此一例，可見公對政事實際處理之貫徹精密。

公自謂平生有三急：急人之寃一也。急人之病二也。急人之苦三也。平生有三快：栽樹得活一也。說理得明二也。為政得通三也。平生有三恨：堯舜傳賢未定為制度一也。井田制廢壞二也。國家許有利息制三也。

民國十八年（公元一九二九年）山西省政府興建辦公大樓，公以「官吏若不忠於職，不主張公道，民主政治的人民，必制裁你！」題其上。公嘗謂「國家將亡，必有妖孽。公務員不負責任，不主張公道，即妖孽也。」

民國三十二年（公元一九四三年）五月，中外記者西北考察團到克難城時，某報記者趙某稱：「渠聞之邵飄萍氏言，中國新聞有記者與被訪人之談話式記錄發表，實始於山西閻督軍。當時官方唯公報式之露布，報社好作推測式之議論，彼此意見原來隔閡，社會聽聞自然混淆。自此風開，記者與被訪者始得有直接正確之談話敘述公表，邵氏每樂道之云。」公嘗謂輿論為改造政治之動力，新聞又為正確輿論之指導，故平日對新聞記者，均極致尊重。

公之記憶力特強，人未嘗見其展書閱讀，而於吾國之經史，歐漢之新學，每隨事舉其菁華，且多能闡揚引申其要義奧旨，簡易說明，發人深省，宏其效益，宿學專家，每嘆不及，為之心折。其理解力尤高，分析事理，極盡精微，觀察時事，特中肯棨，歷久而益證其精確。如民國四年冬袁世凱謀帝制，公密派李敏（字敏之，雲南人，後任公之參謀長）赴北京，蔡鍔以壁間所懸「雅量風清兼月白，高情澗碧與山紅」繡聯，託李帶並贈公。公問松坡（蔡鍔字）尚有何言？曰：「無。」公囑：「慎勿以此語人。」李欲明其故，公謂容後相告。嗣蔡到滇，公乃謂李並趙戴文曰：「余固知松坡有志有行，見其贈聯，益覺有徵。」所謂「極深研幾，何俟終日。」公素不重視字畫等古玩，惟此聯迄抗戰起，仍懸之內客廳，勝利回并，仍在原處，其珍視友情之篤如此。公對部屬晉見者，多能不待其詳言，即知其所急所求，立予適當之指示與處理，每為得當，無不感服。每見所屬對其主管事項應知之要點與數字，多不如公知之詳，記之確，殆非強而能者也。又自二十一年四月就任太原綏靖公署主任後，命名書家寧超武（字子高，忻縣人）楷書：「迨天之未陰雨，徹彼桑土，綢繆牖戶，今此下民，或敢侮予！孔子曰：為此詩者，其知道乎？能治其國家，誰敢侮之。」懸之餐廳，蓋取為座右銘，每飯以自警者也。

公天性純孝，六歲喪母，惚恍猶能記憶。年愈長而思親之情愈深，功成名就，思報恩而親早歿。詢問長者，太夫人貌鼻與眼似公，而鼻以下似其姨母。乃延名畫家綜合繪像。繪成，長者謂肖如拍照，公驚喜，至淚下，並神主而供奉。事太公養志述事，尤盡禮。少雖有四方之志，輒仍佐太公理商業。及壯奔走革命，不遑家處，而孺慕情深，開府太原，迎養承教，同桌進餐，樂敘天倫。太公晚年喜靜鄉居，公於周末，輒歸省親。民國三十年在野旅居大連，忽聞太公病重，則不顧一切，飛返省視。親侍湯藥，不離床第。及二十三年冬太公逝世，哀毀愈恒。懇辭本兼各職，未蒙獲准，在家守制，實行廬墓百日。在此期間，與趙戴文函件往返，討論養成智仁勇之內力，彙為《廬墓治學錄》一冊。事繼母陳太夫人尤稱情理。大陸淪陷，迎養來臺。及陳太夫人病革，公適在穗被提名行政院長，急飛臺省視。在殯館祭奠時，跪守靈前。禮葬畢，乃飛廣州就任。公之祖母五十餘歲逝世，繼祖母師氏，係由陝北避兵至晉者，公幼時曾聞言：「我在陝籍本有兒女，荒亂之中，生死不明，迄今不能釋懷。」公默記之。及民國成立，公任山西都督，獲悉師在陝之外甥某君在并，甚喜，急令某持信赴河邊村謁師氏。村人大異之。蓋鄉俗有「改嫁無服祭」之說，因其稱呼周旋大有不便也。公聞之曰：「改嫁無服祭，古禮也，欲知其前所生子女之如何，人情也。且服祭與晤面有別，便何可以禮廢情也。」又曰：「吾知吾祖母死不瞑目者，為其在陝子女之存歿，吾寧忍不使相見而得其實情乎。」公以慈親早歿，受育於外祖父母之恩特重，故供奉外祖父母神主於家。此皆不同於凡俗者。嘗曰：「養育兒女，禽獸皆能，孝順父母，惟人能之。」又曰：「天地間惟有一件事，即推愛自己父母子女的心，以愛他人的父母子女。」故平生為政「父母其心，公僕其身」，斯乃孝之大者也。

民國十年（公元一九二二年），公在河邊村家居，知村中某戶母子處待兒媳，為狀極慘，公以大非情理，心為不平而大怒。時方隆冬，汗沾其衣，即召村長至，使之調查處理。村長以事關法律，非由當事人請求，未便干涉，推諉不肯主持。公歎曰：「吾乃知法之滯事苦人，有如此之甚也。」乃由山西省政府規定每村設立息訟會，遇事由村負責主張公道，自了訴訟。凡村不能了者，報縣處理，縣不能了者，報省處理，通令全省實行。而法界人士以有違常例，表示異議。時山西督軍公署軍法處職員王懷明（字念文，山西新絳人，法學博士）在美學法，遂將息訟會章則寄王，囑轉請法學家批評。復云：「此亦便民之道，但現在各國尚無採用者。」我國法院後有調解委員會之設，意同此也。

民國三十一年秋，公年屆六十，社會習慣，人生花甲重周，多為舉行慶賀。先期各界擬為發起祝壽。公謂：「過壽為個人自身之事，應檢討已過，策勵將來。且應知多過一次壽，即減少一年服務時間，正當自加警惕，以求充實，況今大敵壓境，民生水火，曷敢言壽。」堅謝稱觴。自後一本此旨，從不願人對自己生日有所舉動。公之日常生活，一本唐俗之勤儉，除醫藥及必需外，衣、食、住，用原則以國產為尚。稟賦特優，剛健和厚，冬罕禦裘，夏不揮扇。能飲酒，然除宴客惟元旦及往年為太公祝壽乃飲之。公勤勞邦家，不暇顧復子弟。二十四年因病在河邊村居時，親書教其子志寬，志敏、志惠曰：「工作即是生活。能力即是財富。知識即是命運。」又曰：「人能自管者，乃為大勇。」又為親書「早睡」二大字，令懸之室內。公之博大精審思想，以其特具風格之文辭或言語，每能言簡意賅，深入淺出，表而明之。其《斌役堂雜鈔》，多為人所傳誦。

公自三十九年夏山居後，非國家大典或總統有召不輕入市。同時即與隨從人員建立小組會議，每週舉行，由小組長召集，輪流主席，公主持討論題目，並核定總結記錄。其所討論題目，約為個人進修、團體活動，中國學問、世界情勢，特重如古人所謂之「修己安人」功夫，彙為《生活小組講話錄》。

公獻身革命，五十餘年如一日，無有不能克服之困難，無有不能渡過之難關，無有一日鬆懈其學習，更無有一日停止其奮鬥。嘗謂：「愈有困難，意感興奮，亦愈有辦法。」又謂：「未雨綢繆，大事小做亦成功，臨渴掘井，小事大做亦無益。」其事業之成功，即全在「豫」之計畫與「愈挫愈奮之精神」。其生性以工作為快樂，每日除辦公、會議、會客，講話、聽報告，飲食、睡眠以外，其餘時間，非思考，即寫作，其《感想日》記更為每晨盥漱時不間斷之工作。五十年來之言論著述，積三千萬言。居恒以「做到老學到老進步到老。」自勵勵人，故「日新進步」之精神，為人所不及也。其處人處事，無不合乎中的道理，處人則「反求諸己，取得人心。」對人教育，則注重「說服」。與人共事，則注重「合謀」。其領導方式，為「合理管理」，「人情統馭」。其勉人進步方式，為「互相批評」，「檢討錯誤」。其奮鬥原則，為「培力」「講理」。其日新動力，為「悔過自新」，「知錯改錯」。其精神修養，為「剷除私心，發達公心，負責任，守紀律」。其人格表現，為「做甚務甚，做甚學甚，做甚成甚，做不好甚羞甚，做壞甚殉甚」。最反對「煙、賭、贓、欺」，認此為中國貧弱與受人侵略之主因。每喜助人治病，謂：「強健之身體，為做事之良好工具，身以表心，若無強健之身體，心腦力量，亦無從表現。」每得悉人有病，即盡力設法善為之診治。更喜醫治社會之病，認「人有病是人痛苦，社會有病是人群痛苦。」故無日不在窮其理而謀求醫治之道。其唯一嗜好，為一木一石皆思有以利用，所到之地，必有親手設計之建築，抗戰期間尤多。

公在菁山所居種能洞堅固簡樸整潔，其內除必須用具外，無長物，案頭置有木板《易經》一本，時或展閱，每有會心獨得之樂，嘗謂：「言語道斷，心思路絕。」乃可語學問修養。老而進德彌勇，待人接物，益覺誠摯和易，中外見者知者欽仰不置。

民國四十九年五月二十三日上午，因心臟病突發，病榻執賈資政景德手，猶以國事殷殷為念，無片語及私，不幸數小時即逝，享壽七十有八。噩耗傳出，識與不識，無不驚駭哀悼。賈先生答記者謂：「公處事足為世範，發言可為人師。」二十九日大殮，總統題頒「愴懷耆勳」匾，親臨致祭，詢問病狀經過，唁慰家屬。國內外人士為文哀悼紀念。《中央日報》三十日社論文曰：「總統府資政、本黨中央評議委員閻伯川先生的遺體，已於昨日上午大殮。先生不幸於本月二十三日病逝的消息傳出以後，各界人士無不震悼。連日前往極樂殯儀館弔者絡繹不絕，昨日大殮時蔣總統和陳副總統均親臨致祭，黨、政、軍、教、民意等機關團體首長及社會知名人士參加公祭者，達一千五百餘人，真是備極哀榮，充分表現出全國上下對這位革命者勳的敬意。先生是我國著名的革命領袖人物，卓越的軍事統帥，堅強的反共鬥士和傑出的政治家，他一生的勳業，在國民革命的歷史佔著非常重要的地位。他在早年留學日本時期，即已參加國父所領導的革命組織。辛亥革命發動以後，他在山西以清軍青年將領的身分聞風響應，對推翻帝制，建立民國，有很大的貢獻。從此以後，先生便主持山西省政，銳意建設。在北洋軍閥長期混戰中，使山西成為北方一個革命根據地。國民革命軍北伐時期，他奉命將自己所統率的一支勁旅改編為第三集團軍，與蔣總統所領導的大軍互相策應，南北夾擊，加速了北洋軍閥的崩潰，促成了全國統一。抗戰期間，先生擔任第二戰區司令長官，在優勢敵軍和共黨奸匪的圍困之下苦戰八年，保全了晉陝地區的戰略基地。日本投降後，得以迅速光復山西，寫下了一頁最光榮的歷史。先生的反共鬥爭，在抗戰時期已經開始，共匪發動全面叛亂之後，山西成為匪軍在華北進攻的主要目標之一。他抱著與山西共存亡的決心，和共匪奮戰到底，雖然未能扭轉危局，而太原五百完人的壯烈犧牲，卻在反共抗俄戰史上放出燦爛的光輝，發揚了中華民族不屈不撓成仁取義的傳統精神，足證先生革命人格感人之深。三十八年總統被迫引退，政治失去領導，國家失去重心，先生見危受命，於戰局惡化，大陸變色之際，出任行政院長，組織戰鬥內閣，一面與共匪從事最艱苦的搏鬥，一面領導政府完成遷臺的部署，其堅毅勇敢臨難不苟的負責精神，更受到全國人民的敬仰與欽佩。先生於二十九年因操勞過度而辭職休養，但對於國事未嘗一日忘懷。十年來埋頭從事著述，對反共理論之研究，反攻復國大計之籌畫，貢獻殊多。立德、立言，先生實兼而有之。共匪敗亡之局已定，大陸光復之日可期，先生於此時溘然長逝，實為國家民族與革命事業重大的損失。先生的勳業與精神，當可不朽，每一位敬愛先生的人，均應於哀悼之餘，竭智盡力，使反攻復國大業早日完成，以慰先生在天之靈。」七月二十九日政府頒褒揚令，文曰：

總統府資政陸軍一极上將閻錫山，才猷卓越，器識宏通。早年追隨國父，著籍同盟。

辛亥之役，倡舉義旗，光復三晉。民國肇建，即任山西都督，督軍及省長，振飭庶政，訓齊卒伍，軍容吏治，煥然一新。北伐告成：歷任國民政府委員，內政部部長，蒙藏委員會委員長，陸海空軍副總司令，軍事委員會副委員長，太原綏靖主任等職。外膺疆寄，內贊樞衡，碩畫敷陳，並昭懋績。抗戰軍興，任第二戰區司令長官，兼山西省政府主席，創行兵農合一之制，促進生產，增強戰力，厥效彌彰。故宇既收，赤氛重煽。三十八年出任行政院院長兼國防部部長，受命於危難之際，馳驅蜀，粵，載徙臺員，遺大投艱，勛勵備者。中興在望，匡輔方資，遽喪老成，實深軫悼！應予明令褒揚，用示政府篤念勳省之至意。

十二月六日安葬於陽明山七星山之陽。遺稿有《世界大同》都五十一萬言，《三百年的中國》都六十八萬言。併題字集，計一千三百餘件。均經整理印就，於是日分贈，公對人類之貢獻，具見其中。

綜公一生偉大之人格，高深之思想，革命之精神，創造之能力，包容之德量，和藹謙誠之態度，艱苦奮鬥之毅力，嚴肅勤儉之生活，化習淨慝之修養，盡己安人之心懷，深印於知者之心，其德、功、言將必永遠影響無數之人，使隨時代而向前邁進，有裨國家民族之復興，與世界人類之安和，以遂公「革命競賽，真理戰勝。」「為人類謀幸福，替造化表功能。」而實現「世界大同」之宏願。德業勛名，彪炳宇內，仁熟還中，精神永在，公真不朽者也。

臧卓筆下的閻錫山

蔣介石與閻錫山之離合

外史氏曰：吾人試一檢討北伐而後抗日以前之史實，幾無日不在反蔣鬥爭中；而所有大方面之各局頭，亦未有不繼過一次或數次，短期或長期之反蔣者。其間陣容之盛，規模之大，鬥法之久，布置之周，尤以民十九閻錫山反蔣一役為之最。時則以擴大會議為中樞；以陸海空軍總司令正位號（閻為中華民國陸海空軍總司令，馮玉祥、李宗仁副之），挾豫、晉、秦、隴、平、津、冀、察之地盤；戰線自潼（關）洛（陽）以東，沿隴海直趨魯境，幾於橫斷中原；雙方陳兵逾百萬（閻馮約六七十萬，中央稱是），傷亡近四十萬；是役也，殆可謂「爭國之戰」。然而閻氏素以守法沉默著稱者也；非若唐生智、李宗仁、陳銘樞、陳濟棠等，有黨國之牽掣，利害之淵源也；胡竟一發至於此極？語曰：「積之久而發之暴」，「履霜堅冰至，其所由來者漸矣！」自此至抗戰以還，二公乃能融洽無間，是知敵國外患之能增加團結也。予既寫蔣馮之離合，因並及蔣閻；閻先生現在台島，幕府雲從，大有人在；就正有道，所殷望焉！

眾醉獨醒

閻錫山，字百川，山西省五台縣人。留學日本士官學校第六期畢業。早歲從事革命，辛亥，率同志在太原起義，巡撫陸鍾琦死難，被舉為山西都督；時與駐石家莊之第六鎮統制吳祿貞，同稱革命之健者；而閻尤為北方首義成功之第一人。

山西為四塞之地：西南兩面，環長河之險；東有太行八陘；北有陰山綿亙；井陘之固，雁門之雄，古所謂「晉國天下莫強焉」者。地本唐虞之故都，民風淳厚，勤儉務農；閻氏本其沉潛因應之長，得地利人和之便；故能於北閥以前十五年中，歷帝制、復辟，及直皖直、奉諸戰役，拜督軍、督理、將軍、督辦各崇銜；周旋軍閥之間，置身漩渦以外；民國以來，一人而已。

閻氏嚴於用人，精於理財，沉默寡言，深思遠慮；菲衣惡食，示人以節儉；量入為出，自給以無虞。單行法儼然一國，小鐵軌內不通（按：由石家莊至太原為窄軌鐵道，入娘子關即有憲警盤查，於安定中見嚴密）；故其所部軍官多忠愨之士，從政悉謹飭之倫，風氣所關，由來已舊。在北洋政府時代，早有模範省之稱。閻氏平昔作風，對中央則力事服從，絕不授人以柄；對政變則不輕闌入，常作壁上觀。對內則自固吾圉，示人以不可侮，所以為民國以來獨一無二之不倒翁；然而幕後運用，代表絡繹，冷靜觀察，眾醉獨醒，其高明處，譬之曰老成，訕之曰觀望，毀之曰陰謀。蓋有其莫測高深者在也。

石莊初會

民國十六、七年之交，奉軍乃直魯軍，已屆強弩之末。閻氏以國民革命軍第三集團軍總司令，於北閥進展之時，以近水樓台，動如脫兔，不旋踵而略取平津。於是，晉軍部將，群據要津；李服膺為北平警備司令；傅作義為天津警備司令；張蔭梧為北平市長；河北省主席亦由晉系×××擔任。中央方面，只一何成濬為北平行營主任，接洽收編雜牌部隊；晉軍之發展，蓋未有盛於此時者！

本來北閥完成之前一瞬，南方之第一集團被阻於濟南之五三慘案，雖有津浦鐵路之利，亦未能迅速佔領天津。而在津迎降之徐源泉，對於天津軍政權更未能及時黨握，致得傅作義捷足先得，北平一帶自然更落晉軍之後，此在中央雖有完成北閥之名，而未得地方政權之實；故閻對北方，實居首功，而亦為實際權力之主宰。

閻與蔣此時雖未晤面，而以革命軍統屬關係；及民十六年蔣氏下野至日本時，閻曾與馮玉祥聯名電請蔣復職；早具擁護之誠。民十七年六月蔣氏隨帶隨員衛士等約四百多人經過鄭州與馮（第二次晤面）一同北上到石家莊，與閻氏作第一次之會晤，暢敘情形，至為融洽；蔣閻二氏並同攝一照，在三十年前，皆當強仕之年，尤見其神采奕奕。此後即同赴北平，舉行祭靈典禮，及開軍事會議。

一段笑話

那次在石家莊的歡迎筵席上，有一段空穴來風的笑話，在這裡寫出來以見當時挑撥離間者，大有其人也：據馬雲亭（福祥）氏對馮說：「閻錫山恭宴蔣氏及其隨從，用魚翅席，你（指馮）在鄭州卻只用小白菜、饅頭、稀米粥，正是一飯一菜一湯。蔣曾說：『以相見時的請客來推測，閻錫山是有敬意的』。」云云。馮聽了這話，就在筆記上寫著：「看我們老百姓都沒飯吃得飽，我何忍以老百姓血汗之錢，用燕窩魚翅，大請其客呢？」我想蔣先生決不會說這樣的話，侍從、衛士們即或有之，亦不應置議。馬福祥當時如果真的向馮作此言，未免意存挑撥。馮氏居然信以為真，亦見其衝動太過。此可見大人物之行動，無在不足以發生影響也。

在西山祭靈之後，接著就到北平湯山附近開軍事會議，詳情已載〈蔣介石與馮玉祥之離合〉文中，茲不再贅。民十七年以還，各方最大之爭執莫過於軍餉與編遣兩大問題。因而有武漢討伐桂系之役；因而有馮玉祥反蔣之役；因而有起用唐生智，唐山易帥（收回白崇禧所統率唐之舊部兩師）、鄭州討馮之役；因而有唐生智鄭州發難，漯河敗亡之役；因而有馮玉祥託庇山西、閻馮一同下野出洋之說。這許多事故，與閻氏最有關係的，莫過於唐生智與馮玉祥兩人。而一則聳唐發難，復又犧牲唐以擁蔣；一則調停蔣馮，復又聯馮大舉以倒蔣。前後三、四個月之間，反覆矛盾，詭變莫測；蓋閻氏一生玩弄手法之處，此其最矣。

撲朔迷離

唐生智之任討逆軍第五路總指揮也，蔣百里及其重要幕僚並唐本人皆無再次反蔣之心。民十八年討馮之役，唐雖立有戰功，聲威小振，而羽毛未豐，決難妄動。此際汪精衛以護黨救國軍再三促唐氏出蔣不意進窺武漢。唐對蔣之信任，雖有忒貳；而勢孤力薄，當時如不得閻氏之同意，決不敢輕啟戎心（按：此決非作者臆度之詞）。迨形勢已成，蔣為拉攏閻氏，立派趙戴文奔走其間，閻氏態度大變，唐生智在騎虎難下之情形中，以兩師人冒風雪苦戰月餘，自然歸於失敗。此一役也，閻氏助蔣殲唐之功，誠不可沒；然而中原空虛，殆為馮氏再來開一坦途也。

至於閻之與蔣，本未正面衝突。自從民十八年五月，馮玉祥退至山西；中間由閻任西北宣慰使，收拾殘局。而以馮自行願意出洋，閻又願陪同馮氏一起出洋為調停結果。中央方面，一面贊同馮出洋（送旅費二十萬元，由閻氏轉交）；一面勸閻打銷陪馮出國之意；一面又似乎肯定了閻亦陪馮出洋，而以趙戴文維持山西治安（這些詳細文獻，具載〈蔣介石與馮玉祥之離合〉中，茲不具述）。就這樣撲朔迷離，鬧得大家不歡。於是，以民十九年三月八日閻錫山暗中放走馮玉祥回到潼關，為導火線，而蔣閻馮大戰開始矣。

歷來政治上之結合，在未破裂之前，總是大仁大義，虛與委蛇；終至鈎心鬭角，圖窮匕見；蓋相處不以誠，相忍非為國，一旦爆發，盡情醜詆，揆之前史，比比然也。

蔣閻有其先天之癥結：蔣視閻為軍閥、為不革命，而自以正統之革命領袖睥睨一切；閻視蔣為不公、為自私、為有畛域之見，而欲翦除群雄。其後天：則閻之輕取平津，坐鎮北疆，尾大不掉，形同割據；而編遣、餉糈、國稅、省稅諸問題，糾結難解；直至馮玉祥託庇於太原，出走於潼關，燎原之火，乃不可收拾！吾人自不能歸之「運數使然」，寧抑「人謀之不臧」耶！

出洋之謎

蔣閻之「鬥爭」引線，本由於馮。而所謂閻馮一同出洋之調停，實為一同進退之暗示。蓋李宗仁之武漢撤退，唐生智之中原犧牲，在閻皆可隔岸觀火；惟馮玉祥之失敗，對閻則有脣亡齒寒之感。故庇之於敗軍之際，結之以進退之情，既示蔣以不可侮，亦收馮而為已用；苟當局能委曲處馮，則自然大事化小。但那時的經過是：始則蔣氏表示「中央為顧念馮之前勞將予以考察名義出洋，並資助旅費」；又謂「閻百川同志，力勸馮氏出洋，並願伴同出國遊歷，愛國愛友，不可多得，新近任閻為西北宣慰使，軍事善後，均待擘劃，……予以為私人一時行止，自非他人所能干涉。」以上係民十八年六月蔣在北平的談話。此對閻已微露推挽之意。後來又電囑西北各將領合辭電閻，懇其打消下野及出洋之意。結果僅根據趙院長戴文一電，就答應閻氏下野出洋的要求，山西方面由趙院長維持。又一次蔣氏在國府紀念週報告閻馮結合內幕情形，有下面一段說話：「我們從前，還希望閻錫山果能出洋，必可增長學識，變易眼光，將來回國，還可叫他為國家擔任一點事情，現在看他的行為，確是陰險奸詐的封建軍閥，以後他是再不能和十八年以前敷衍過去了。」由這許多經過看起來，閻氏本無陪馮出洋之意，亦實無下野出洋之理。蔣氏自有去馮之意，實亦無留閻之誠。蓋閻已極盡探賾索隱之能，而蔣似未免有天真淺嘗之失。於是，閻氏乃進一步由閻馮一同出洋之建議，而變為蔣閻一同下野之要求。蓋閻為調人而須下野，蔣為引咎亦自可下野也。事之變幻至此，真令人進入五里霧中。

蔣致閻電

在民十九年三月八日馮玉祥出走潼關以前一個月間，蔣閻雙方，已在文電上互相詰難，文辭鋒鏑，愈答愈緊。是年二月十三日，閻錫山以元電致蔣，大意主以「禮讓為國」，自願辭職下野，並請蔣一同下野。十八日閻覆以巧電對蔣多所指摘，並謂戡亂不如止亂（按：此戡亂應是指「討逆」而言，並非後來剿共之戡亂）。蔣於翌日以皓電復閻，閻更以號電覆蔣，特錄如後，以見當時箭在弦上、盤馬彎弓的情形。

蔣致閻皓電（十九年二月十九日）：

……巧電奉悉：元電未即裁答，以中正所陳救國本為義務，吾不容放棄責任，以獎亂助爭，乃中央努力於和平統一，惟不得不以武力制裁之義；不邀洞鑒，重加責難，以吾輩平日相待之厚、相知之深，而結果如斯，中正惟有痛自慚愧，更何用嘵嘵辭費。且胡（漢民）、譚（延闓）、王（寵惠）三院長續進忠言，果兄不認為逆耳之談，臨崖勒馬，正未為晚，尤不必中正之續陳；中正日來靜默思過，何以平日負咎黨國之處，不能得兄指陳匡救，而突於此時嚴重督責，雷轟霆擊，必欲中正立即放棄黨國賦與之重任，以證實外間所傳兄利用他人失敗，不得不親自倒蔣之謠言；自愧誠信未孚，更何敢赫然震怒，以增罪戾。且中正方於刪日請楊部長回晉敦促次隴先生（趙戴文）來京斡旋大局……慎勿輕信挑撥離間者之讕言也。中正亦迭接報告，謂兄已決定對中央作戰，所有總指揮各路司令，均已委派，且欲強二集團以主力由鄭洛直取武漢，以大部進犯襄宛，對平漢路與北平電局之中央機關，皆派隊監視，且以武力強取，而對北平行營所發電報，施行檢查；在河北各縣，徵發車騾，疾如星火。中正未敢據以詰責，輒因來電，為兄言之。兄矢言服從中央命令，甚善，然中央付兄以重大之責任，固未嘗許兄輕自放棄。中正與各院長苦口敦勸，亦冀兄繼續為黨國盡瘁。兄果有服從命令之誠意，則請立即取消下野引退之說，非然者……恐兄動員令完畢之日，即兄通電辭職之時，而辭電朝布，兵禍弘發，是以禮讓為名，爭奪為實，不惜甘為黨國罪人。興言及此，中正實不寒而慄也！尤有為兄言者，我輩革命，在公當服從黨國命令；在私當重視個人信義。黨國未曾許我以退，我不能擅自言退，此為服從命令者所宜知者。信義為禮讓之本，無信義則所謂禮讓者皆屬虛偽。兄與煥章（指馮）有通譜之雅，親同手足，共事尤久，甚交誼當視中正與兄尤過之。去年八九月間，中央迭促煥章出洋遊歷，旅費廿萬元亦早請尊處轉發，使煥章早得成行，則西北戰禍得免。不幸兄堅約煥章同行於前，束縛煥章行動於後。劉蘭江（郁芬）之來，中央方竭誠款待，而西北軍出兵東犯之電，突自太原發布，及今思之，猶有餘痛！往者不追，兄今日宜首踐煥章出洋之約，復其自由；並切實負責，實行編遣會議之議決案，以昭示大信於天下，天下亦將群信兄之光明磊落，始終為革命黨人，而服從命令，非出矯誣，挑撥二集團軍，確為謠諑，群疑盡息，人心大安，斯真和平統一之福星，願兄圖之。承蒙不棄，故願以個人資格直陳一二，尚希鑒其愚而察其誠也。……

閻覆蔣電

閻覆蔣號電（十九年二月二十日）：

……奉讀皓電，惶恐無似！錫山追隨鈞座，共生死患難有年矣。錫山自處如何，對鈞座如何，對國家如何，鈞座皆知之，諒我罪我，錫山不敢以一言一字致煩鈞聽。惟對於國家安危大計一得之愚，不忍緘默；錫山前電所陳戡亂不如止亂，必須能止亂，戡亂始有結果。苟不能止亂，一味戡亂，亂終無戡定之日。錫山所見如此。全體大會，為黨國最高機關，不可貽人口實，必須設法消除。至於編遣，固為當務之急。惟黨國是以黨為主體，個人中心之武力，是黨國之障礙，應一齊交還於黨，再行編遣。否則，鈞座編遣之苦衷，反不能使人諒解，而事實上亦窒礙難行也。此錫山不憚忌諱，敢陳鈞座者。……深望鈞座於此兩點有所指示，錫山無不竭誠接受也。若謂錫山別有辜負鈞座之謀，於津浦、平漢準備軍事，純係挑撥離間者之言，祈勿輕信。……

我們根據這往來各電，知道當時雙方所主張及爭執者計為（甲）閻所反對及主張：一、反對指定及圈定國民黨三全大會代表，須設法取消。二、反對戡亂。三、編遣應一齊將軍隊交與黨，反對個人中心之武力。四、禮讓為國下野引退。（乙）蔣所指摘及表示：一、指閻束縛馮氏行動，不使出洋。二、挑撥第二集團軍，背叛中央。三、不實行編遣。四、布置對中央作戰。五、表示服從黨國命令，不能下野引退。這樣兩不禮讓，自然各走極端；到了二月廿二日，蔣又致閻養電；廿四日閻以敬電覆蔣，彼此所表示者更為露骨。特附錄閻電，以明真相。

公開反蔣

閻錫山覆蔣敬電：

養電奉悉，答覆鈞座兩點如下：（一）取消引退之意，可以取消鈞座引退之意，不能取消錫山引退之意。（二）錫山與煥章出洋，係鈞座勸阻而止；煥章在晉，原本自由，無所用復。至實施編遣一節，錫山本曾竭力施行，裁去步炮兵三十六團，點驗委員報告有案；今欲再行實施編遣，錫山考察情形，非將一、二、三、四集團軍之軍權全行交還於黨，難以實行。此答覆鈞座者也。錫山在號電（見前）所陳兩點，全體大會，為黨國最高機關，不可貽人以口實，必須設法消除。黨國以黨為主體，個人中心之武力，為黨國之障礙，應一齊交還於黨之後，再實施編遣。在錫山之愚，確認為黨國安危之關鍵，故敢請加指示。鈞座以總理之謙讓為憾，錫山以總理之讓袁，是逼於強力。吾輩交還軍權於黨，是歸於正義，兩者實不相依。乃錫山有不必與鈞座言者：三全大會代表四百零六人，而指定者二百一十一人，圈定者一百二十二人，純粹選出者只七十三人，在鈞座之理直氣壯者，以為編遣、討伐，皆奉黨之議決案而行；外人以之不直鈞座者，以為指定過半數以上之三全大會，非國民黨之三全大會，乃鈞座之三全大會；編遣討伐，無異於鈞座一人之命令也。黨國危亡，實肇於此！亡羊補牢，尚猶有術；願鈞座察焉！……

看了閻氏這電，更覺澈底聲述，揭發無餘，實已到了無可轉圜的地步。三月八日，馮玉祥離晉回到潼關；十五日西北軍通電討蔣；四月一日，閻錫山就中華民國陸海空軍總司令職，馮玉祥、李宗仁亦分別就副司令職；並另行歡迎汪精衛由香港北上，在北平召開國民黨擴大會議。馮之西北軍出潼關後，跟著就佔領洛陽、滎陽、鄭州、開封、尉氏，以至蘭封隴海之線。二日十前後，馮玉祥亦到鄭州，並與閻所派之徐永昌、楊愛源會商軍事。閻錫山尋亦設總部於津浦線黃河北岸之平原縣，並親蒞主持山東方面戰事。至此，而閻馮之東西布陣，似已大體形成。不過南京方面之中央軍，似尚未積極接觸；直至五月二日，始發布討閻馮誓師詞，蓋此中有一錦囊妙計，即東北軍之入關是也。

初次報告

我們看蔣氏當時在國府紀念週兩次報告，可見其好整以暇的情形：

民十九年四月七日國府紀念週，蔣氏報告中涉及閻錫山者，開首即云：「上星期四月一日，閻錫山已就中華民國陸海空總司令偽職，馮玉祥、李宗仁也跟著就副司令偽職；但是我們革命立場看來，並不算一回事。國民革命的名稱，他們——閻、馮、李等本是很怕的；革命兩字，不但軍閥懼怕，就是帝國主義也很駭怕的；因此我們就被許多人所嫉視。自從廣州出發後，我們革命，百戰百勝，他們看了沒有辦法，不能不加入革命；而我們因環境關係，也任他們混在裡面；到現在他們軍閥的本來面目，不能再掩飾，一天一天暴露出來了。……我們知道，以後一方面是革命軍；一方面是軍閥的軍隊。我們看到底那一個勝利！閻錫山就偽職以後，他對國民的信用，是完全失掉了，再不能混入革命軍陣線，做他們的賣國勾當了。至於討伐閻逆的問題，現在各黨部和民眾，皆主張對錫山加以討伐；但現在政府同人的意思，是用不著以軍隊去討伐；……我們相信最近之將來，他們自己的內部要討伐自己的；不但他們所認為友軍的要自相衝突，就是他們的部下，恐怕也要討伐他們了。所以政府暫時無需用兵。本席兩三天後或者到津浦、平漢兩路去視察，但是並不是指揮軍隊去討伐他們。……」

二次報告

又民十九年四月廿一日，蔣又在國府紀念週報告討閻馮軍事，再摘錄如次：

「上星期關於軍事方面無甚變動，大約馮玉祥於前日到了鄭州。……聞閻所允各軍軍費，上月分至今一文未發，只給馮玉祥五十萬元，所以各軍對於閻之偏袒，當然要懷怨望；但閻錫山還是要他們向中央進攻，我們也希望他們來進攻，使得他們自投羅網，軍事上可以快一點結束。……現在我們不但防禦有餘，而且有一網打盡他們的準備。鄭州一帶目前無問題；至於鄂北老河口、鄖陽等處，所有西北軍已完全肅清，而平津報紙造謠，說老河口等處被他們佔領，實在是他們想騙閻錫山而已。又謂孫殿英與中央第三師已經接觸，並說第三師如何失敗，實在雙方步哨，還離開得百餘里地，他們不過多報一次，多向閻要幾個錢罷了。馮謂西北軍已到鄭州，實在大部分還在西安，想襲擊太原；這些事實，已明顯告訴我們了；閻馮不久自會分裂。至於改組派、西山會議派不能合作，那也是我們意料中事。現在我們只要一意整頓內部，靜待他們來攻就是了……。」

細繹這兩篇報告，其作用似在：（一）誘致二、三集團軍全部出動，以期離開秦、晉根據地。（二）以不討伐為緩兵之計，以待東北軍之進關。（三）以襲擊太原之說，離間閻馮。（四）以軍餉不公，離間閻部雜牌軍。以故爾後結果，蔣則全勝。閻雖敗，猶得自固吾圉。馮則傾巢而出，一敗塗地。惟張學良為一時天之驕子。兵法曰：「多算勝少算」，蔣氏有焉！然而鷸蟲得失、蝸角之爭也；不旋踵而敵國外患至焉，豈不痛哉！

自民十九年四月一日，閻錫山宣布就中華民國陸海空軍總司令後，一時形勢，便入非常局面；然就南北兩方分析以觀：蔣挾中央之勢，居討伐之名，以東南之財賦，振革命之軍聲；內無湘桂携貳之虞（正在桂系退出武漢，唐生智漯河失敗之後），外有遼海入關之計；其措置裕如，自多勝算。

在閻一方面：擴大會議，始基牽強，號召難周，創立位號，尚不足以取代中央；第二集團及新附各部，多係饑軍，餉糈難繼，戰費尤殷；陝甘貧脊，又值旱災，三晉雖富，欲以一省之力，濟新造之邦，悉索敝賦，不可得也。且西南不能來李宗仁牽制之師，東北卻有張學良乘虛之患，其捉襟見肘，彰彰明甚！成敗利鈍，惟有期之一戰耳。

中原戰況

閻馮反蔣之戰事初期，馮部西北軍以兩次挫退之憤軍（民十八年一次敗於韓復榘之倒戈，一次敗於唐生智之擊退），賈其餘勇，出潼關長驅東下，一月之間，已佔領洛陽迤東直至鄭州、開封、蘭封之線；南向亦平均延展至尉氏、淅川、朱仙鎮、臨汝；挺進之速，可謂盡其一鼓作氣之能。惟閻百川氏縣統全局，內瞻顧於三晉根本之安危，外寄望於中原戰局之發展，而又須周旋於北平組府建黨之號召；重以晉軍長於保守，絕少參加內戰，非如馮部富有衝鋒陷陣政城略地之精神；故其對於津浦線上之出兵，不免遲徊審慎，始終頓兵於泰山一帶，致未能疾趨徐、兌，與馮部齊頭並進，東西相應；迨馮部已屆再衰三竭之時，而欲以泰安一線，挽回危局，不可得矣！況仍有東北軍後顧之憂耶？

此次作戰，自五月二日蔣氏發表討閻馮誓師詞而後，兩閱月之間，完全以主力對馮；故中原各役，血戰最多，傷亡最重（詳見後錄蔣氏報告）；蔣氏亦嘗親蒞前方，柳河一役，且備傳驚險；可是等到張學良就南京陸海空副司令之職，於是年九月十八日發表巧電（巧得很，到翌年「九一八」恰好一年），統兵入關，於是戰局乃急轉直下；故十月七日蔣氏有報捷通電（見後），十月十三日在國府有雙方作戰傷亡之報告（見後），就其時日之緊湊，可以洞見當日之戰情矣。

茲將蔣氏討伐閻馮之誓師詞（民十九年五月二日發表）摘錄如次：

「閻馮叛逆，割據稱兵；破壞統一，亂國害民；糾集盜匪，反抗革命；……革命軍人，救國保民；仗義討逆，不辭犧牲！統一大業，誰敢擔任？惟我將士，為民請命！……不驕不矜，同死同生！為統一死！為統一生！……國亡種滅，何樂偷生！總理照臨，主義戰勝；……無敵不摧，何功不成，逆軍盜匪，孰不崩潰，殲滅必盡，還我統一，安我邦本，完成革命，永保和平。……」

這篇誓詞，為四言韻文，短短不足二百字；而兩用「盜匪」，五申「統一」，三言「革命」，再共死生；可想見當時命意之嚴，與幕府籌筆之苦；以視陳琳討曹操檄、駱賓王討武曌檄溫厚多矣。

蔣氏談話

在河南省境之戰後半期，七月四日午後，蔣氏於隴海鐵路之柳河車站附近田野中大樹蔭下，曾與中外報紙之新聞記者作出征以來第一次之談話；其中對於馮軍情況，及對閻作戰計劃，並張學良入關接洽成熟各情形，蛛絲馬跡，頗耐尋味；其言曰：

「隴海線方面之中央軍，已佔領戰略上各重要地點，且佔作戰上穩固之進步，形勢有利；我軍已擊敵四分之三，北軍早已無戰鬥力，僅希望死守堅固之陣地，以延時日，若離陣地，必被全滅。從津浦方面進行之山西軍之南進，不成問題；放棄濟南，乃因山西軍涉黃河者為數較多，係預定之作戰；山西軍若陷青島，或再南下而佔領徐州，皆不足懼；蓋我軍誘敵之計，欲其渡河而深入也，彼等無生還之望矣！閻錫山到濟南之日，即其運命告終之日，此可預為諸君斷言也。……此際除速殲滅叛軍期戰事早日結束外，別無他途，取姑息之和平解決，徒貽禍根於將來。……此次之戰爭，與普通無意義之內亂性質完全不同，蓋閻馮背叛中央破壞統一而中央期國民革命之完成，此即革命與反革命之最後鬥爭，故不得不堅持到底；一閱月後，中央軍之青天白日旗，將遍懸四百餘州；四萬萬民眾，將歡欣鼓舞，以慶革命成功。……張學良近已就海陸空軍副司令之職，因中央兵力充足，無借用張學良兵力之必要。……」

爭取少帥

就這一段談話中，我們可以看到當時蔣氏對於閻馮戰爭，已有絕對的勝利把握。第一、河南馮部，已被困於以陣地內，只待時機成熟（即東北軍入關），便可聚而殲旗。第二、對山西軍之南進，知其已不能呼應馮軍，雖已放棄濟南，甚至再進而佔領徐州，亦無生還之望，蓋已暗示其歸路已斷也（即東北軍佔平、津）。第三、所謂「張學良已就副司令，以及中央兵力充足，無借用兵力之必要」數語，更是畫龍點睛之筆。

所以我們覺得：閻馮戰事之關鍵，完全繫於當時東北軍之入關。而馮軍之先勝後敗，則不免受山西軍之不能齊頭並進之影響。關於東北問題，以閻氏之審慎周詳，豈復見不及此；毋寧判斷有錯誤，交涉有利鈍，形勢有上下，而種因有不同歟？張學良舉足輕重，為雙方所爭取，當時蔣派張群、吳鐵城赴瀋陽；閻亦派賈景德（字煜如，閻之秘書長，後退居台灣，曾任考試院長）、薛篤弼（字子良，原係馮部，曾任衛生部）往瀋陽晤張；雙方雖如尹邢之避面，然一則鼓之以動；一則諷之以靜。穿梭交織，易幟以來，未有之盛也。不過賈、薛兩人皆恂恂懦者，亦非交涉長才；且東北紛奢，酬酢亦落人後，自難得到要領。而張、吳手面濶綽，因應多方，以捭闔之長，鼓如簧之舌，榮之以副帥，利之以平、津，激之以乘危下石出關見逼之奇恥大辱（此指張作霖出關時，閻氏曾乘虛佔取平津舊事）。年少好勝之張學良，自然入其彀中。此閻之所以不能勝蔣，而亦一年之後「九一八」之前因也。

告捷電文

泰安戰事，已屬豫戰尾聲，形勢如前，山西軍自無勝理。當年齊東野語，曾穿鑿一段趣談：傳說閻百川在山西禁絕鴉片煙毒，號稱模範省，結果大家避繁就簡，改吸白粉，終至流入軍中，等到泰安苦戰之時，淫雨十餘日，火種斷絕，無法追龍（那時對吃白粉者謂為追龍，又叫高射砲及畫地圖），以致全軍道友（指部隊中之癮君子），怪象百出，一敗塗地云云。余意此乃一般對戰敗者揶揄之言也，晉軍容亦有吸毒者，然亦何至於此？且晉軍向以穩紮穩打著稱，觀於爾後百靈廟之克復及太原之死守，吾人終不能以泰安之敗輕覷晉軍也。

茲錄蔣氏於十月七日對豫境作戰捷電如後：

（銜略）上月真日施行總攻以來，節節勝利，迭下名城，如臨汝、自由、密雲、扶溝、鄢陵、考城，均於上月銑日以前先後克復；而張副司令於巧日通電擁護中央，維持統一，進兵平津，偽政府與擴大會議狼狽逃竄，我軍聲威並振，再接再厲，旋於馬日佔領須水鎮及滎陽車站；敬日佔領官亭車站；艷日克復蘭封；三十日克復尉氏、淅川、陳留三縣；本日冬日克復長葛，又佔領朱仙鎮；冬日將許昌、蘇橋、和尚橋一帶殘敵肅清；江日克復開封。逆軍崩潰，俘獲甚多。而第五縱隊，先經奉命進攻洛陽，先後佔領龍門及隴西要地，已將洛陽包圍，截斷逆西竄秦隴之路。敵方高級將領深明大義，棄逆效順，如：吉鴻昌、梁冠英等先後授予十二、十五路總指揮；張即昌等已授為各軍長；張占魁亦授為師長；其餘願效順黨國者，數亦甚夥。……又據中央及左冀兩軍團報告：新鄭附近之張維璽、孫良誠、孫連仲等三部共十餘萬人，已悉數被俘，無一倖免；宋哲元在洛陽，亦被我第五縱隊圍剿，決難漏網；大河以南，肅清在即，閻馮勢窮力蹙，眾叛親離，欲再負隅，勢不可得！和平統一，至是已確有希望。謹先布捷以聞！中正叩陽印。

蔣氏報告

讀者試注意告捷電中日期啣接之情形，即可恍然於南北呼應之妙用。至於逐日克復、俘獲、受降、圍剿各情形，皆隨形勢之變化，不戰而定。蓋勝之破竹，敗如山崩，俱形勢為之也。

至民十九年十月十三日蔣氏在國府紀念周報告作戰雙方傷亡狀況如下：

「……此次討逆軍（指中央軍）死傷數目，約在九萬五千餘人左右，其餘無數目可查者尚不在內。至叛軍方面死傷者，至少三分之一，總數當在十五萬以上。我方死者約三分之一，傷者約三分之三，敵方死傷各半；據調查所得，逆方傷兵在鄭州、彰德、洛陽者，已有八萬餘人，其他各地，尚不在內。在戰事之初，吾人以為馮所說有軍隊二十七萬，閻有軍隊十五萬，皆係過甚其辭；但事後調查，馮軍確不止二十七萬，因馮在戰事開始時，即招兵十萬以上，故馮軍總計約四十萬以上，閻軍總數約二十萬；惟馮閻軍數目雖眾，但槍械不敷，故其軍隊使槍者僅四分之一，其餘大都使用大刀及梭標，因之逆軍死傷較我為多，此次死傷總數，當其在三十萬人以上……。此後政府，惟有鞏固統一與保障和平兩事，以完成政府使命及責任．此後對政治上力求寬大；無論何方有何政見，只須不違背三民主義與建國大綱範圍以外者，均可自由。應儘量容納國民輿論；即以前與政府政見不同者，如果不利用軍隊，不破壞統一和平，有正確主張者，亦可儘量容納。至於對軍事方面，求嚴整；如再有挑撥軍隊，引起國內戰爭者，無論政客軍閥，均以反革命治罪制裁。決不寬恕！」

蔣與馮是合少離多，閻與蔣卻合多離少，雖然動了一次真刀真槍，過後便煙消雲散；蔣對閻之復職，固未過為已甚，閻亦收拾餘燼，保有晉綏地盤；事隔一年，而「九一八」變起，大家既同赴國難，自不容再起內訌。自二十五年十一月底，閻氏親赴洛陽，為蔣祝壽；

未逾月，蔣亦親訪太原；又一月，而西安事變，閻電各方均有利於蔣。廿六年抗戰前夕，閻氏到京，備受熱烈之歡迎；蔣閻之間，殆已前嫌盡釋。嗣是而河邊艱辛以抗日，太原死守以抗共；乃至組織大陸末次之內閣，轉徙成都；表示反共到底之精神，韜晦台島；決不似馮玉祥劍拔弩張，不擇手段；蓋猶有晉大夫「說禮樂而敦詩書」之風焉。

恩怨兩忘

我們要知道閻蔣之間，一邊有趙戴文；一邊有孔祥熙。在十九年破裂以前與破裂以後，始終得這二人周旋彌縫之力；所以在大打出手，尷尬局面之中；仍有重拾墜歡、從容迴旋的餘地；迨至閻氏親蒞洛陽為蔣祝壽，蓋已寃親一體，恩怨兩忘矣。

民廿五年十月，蔣氏五十大慶，不願在南京有所舖張，先期到西安避壽，與夫人宋美齡約在洛陽歡渡誕辰。十月二十九日，蔣由西安飛抵洛陽；三十一日晨，洛陽數十團體，暨民眾二萬餘人，並軍分校師生們，就齊集洛陽軍分校舉行祝壽典禮。那天閻錫山及商震由山西及期趕到，在二十響祝壽的禮炮聲中，參加了祝賀；同時為疆吏中唯一難得的嘉賓。

就在祝壽後半個月的十一月十六日，晉軍在綏遠陶林及紅格爾圖打下了日本飛機兩架，這可算是晉軍在長城外猛烈衛國戰的首功；蔣氏乃於翌十七日乘機親訪太原，舉行長時間的會議，並召集內蒙古阿王（內蒙自治委員會副委員長）共同參加；原來自日寇侵佔東北後，不斷聯同匪偽竄擾冀東、綏北、綏東等地。閻氏以晉軍作力保綏疆之抗戰，蔣亦對華北決定保守國土，於是在會議中表示中央已準備長期抵抗，應付綏遠局面，不必驚懼，並大加慰勞一番。這一來一往，且已公私兩盡，情愫無愆，已往之陰霾，掃除淨盡。

克百靈廟

是年十一月廿四日，接著又傳到了引人興奮的消息，那是閻部傅作義及王靖國軍克復了百靈廟；並且在廟內搜索到日軍及偽洲滿國軍文件計劃甚多；因為在這以前日本廣田內相一再聲稱綏遠事件是「滿洲國」的軍事行為，與日本無關。自此次所得文件內容，乃大大的暴露了日寇的野心。

蔣氏自太原返抵洛陽，在十一月二十九日紀念週時說道：「近兩星期，發生兩件重要的事：百靈廟的克復；和日德防共協議的簽訂。百靈廟的克復，加強了人民的信心；就是只要團結一致，失地是可以收回的。……就這一意義而言，百靈廟的佔領，一定要認作是民族復興以及民族獨立的歷史上的一個起點。」於是對閻氏晉軍的百靈廟勝利之下，在洛陽又下了命令，說「沿歸綏的北方邊境，定須建築永久的防禦工事！」

那時日本人，常常利用偽滿及蒙古的部隊在長城以外騷動，蔣氏又和閻對偽滿洲國及蒙古的雜式部隊聯名發了一道勸諭的通電，要他們和外來的勢力隔絕，這種勢力，就是挑起中國人自相殘殺。電的內容略謂：「我們大家都是中國人，為甚麼目的，你們要進攻綏遠，難道你們真的願意叫你們的子孫去變成別的民族的奴隸嗎？應該立即醒悟，不要愚昧地和自家的弟兄作戰，並要他們倒戈來歸附政府，俾將來不致被後世罵成漢奸。……」

綏遠連捷

在同年十二月五日，日人訓練的關東軍隊及雜色軍又進攻紅格爾圖，反攻百靈廟，這一次雖在日軍鞭策下，仍被晉方防軍迎頭痛擊，大獲全勝，離方遺屍千多具，狼狽回竄；南京方面更感覺到這是蔣委員長的聲威到了邊區的新階段。過不幾天十二月九日綏遠軍隊又克復了大廟；這大廟地方，是偽漢及蒙古偽軍在綏遠北部的重要門戶，這樣接連的勝利，使偽方雜色軍隊，完全崩潰；其有少數逃至山上，因給養斷絕叛變來歸者，亦均予以寬大收容。更在大廟地方，有前曾受蒙古英王指揮的約二百名軍官及五千人的雜牌軍，他們帶了十二輛軍車，四尊野炮，二十挺機槍，連同短波電台收發報機以及毒氣彈等一致來投降。從此綏境敵偽活動的偽軍，乃告肅清。

綏遠事件，以閻氏所部的力量，在蔣閻合下的氣氛下，得到了如此勝利的結果，於蔣氏偉大慶祝五十誕辰以後，值得使人們引起興奮的歌頌，正是錦上添花；同時閻氏更向蔣系人物說：「這是托委員長的聲威的結果！」

高瞻遠矚

這種禮讓為國的元老壯猷，自是國家之福；可是僅隔三數日，就是雙十二的西安事變出現了。關於閻在西安事變對營救蔣氏之努力，具見孔祥熙之《西安事變回憶錄》，當時孔氏曾付閻以營救全權，代表絡繹，往返電文至九次之多，顧慮周詳，情懷懇摯，雖脫險之方，另有所在，而閻氏顧全大體之懷亦可以大白矣。

二十六年抗戰前夕閻氏，曾飛蒞南京，寓北極閣宋子文之洋式茅屋別墅。當飛機到達時，明故宮機場，佇立文武百官，作盛大之歡迎，閻氏仍不改其大布之衣，與凝重之態，江東人士，望之儼然，皆欲一瞻三晉之遺風焉。

抗戰期間，閻任第二戰區司令長官，這一階段，無所短長，惟當德蘇開戰之時，蔣曾致閻一電，問以「對德蘇的戰事，作如何的觀察？」閻當覆云：「軍事是德國勝，政治是蘇聯勝；德國政治失敗之後，把軍事勝利隨帶著也取消了。」這是閻在山西克難坡時，蘇俄顧問伊拉夫訪閻，請閻批評德蘇戰爭之前途，閻出其與蔣往來電文示之，此亦可見閻氏識見之一班。

幾番離合

閻氏最艱虞之歲月，當是抗日勝利後，與共黨為太原守城之戰，其事悲壯，自然垂之青史，非本文所及備。至於城陷不歸，臨危受命，組閣於敗軍之際，播遷於川粵之間；一旦陸沉，終為浮海；烈士暮年，英雄氣短；其將有奇蹟，一揮魯陽之戈耶？抑回憶生平，繼立功而立言，以昭示來茲耶？噫！三千同德，難留唐叔之故封；五百從亡，當幸田橫之健在！閻氏之心亦苦矣。

外史氏曰：當年許多反蔣公案，所謂離合之間，是是非非，不外鼠牙雀角；到今日都成為不足論列的無聊問題。前無可懲，後無可毖，只當回述一些夢囈罷了。稼軒詞有句云：「事無兩樣人心別；問渠儂，神州畢竟，幾番離合？」雖其所謂離合與此不同，余乃斷章易其辭曰：「事關家國心胡別；問渠儂，神州禁得，幾番離合？」噫！一水浮沉人不渡，萬家搖落我何堪！噫！尚何言哉！

閻錫山軼事之一：光復山西與「燕晉聯軍」秘話

閻錫山主政山西，自辛亥民國紀元起，中歷袁項城時代及北洋歷屆軍閥，以至國民政府，洎於大陸變色；中間僅離開山西數閱月，前後整整在職三十六年之久。諡之曰「不倒翁」，誠可當之無愧。

予於北洋時代，曾隨節赴晉，數見其人。迨民十八、九之交，又以一介之使，三至太原，一蒞平原，有所親炙。又與其幕賓及部屬如趙戴文、趙丕廉、楊愛源、周岱、李服膺、傅作義、王靖國、李生達……等頻有往來。我總感覺到閻氏之特立獨行，深沉不露，計劃周密，謀而後動；民國以來，自國父與蔣先生外，閻氏當首屈一指。餘如北之段、張、曹、吳；南之馮、唐、陳、李，自鄶以下無稽焉。久欲為寫外傳，苦無具體資料。客歲特函隨閻入台之楊愛源（心如），以其為閻之甥又副主任也，所知必多。孰知其人已亡。一水之隔，而存歿不知，竟如劉孝標之追答劉秣陵矣。傷哉！晉人絕少在台者，幸得一位服務中行之國大代表某君，覓得部分材料。又以殉難之五百完人題名錄有關激揚，不可闕漏，特託由李伯英兄輾轉覓寄來港，至是已歷時經年，乃執筆為寫閻錫山軼事。如有乖漏偏頗，幸賜教焉。

在日組織鐵血丈夫團

閻錫山字伯川，號龍池，山西省五臺縣河邊村人。生於民元前二十九年（清光緒九年公元一八八三年），先世務農，兼營商業，耕讀人家也。氏自幼讀書，賦性剛毅直諒。嘗憤清廷之腐敗無能，毅然以挽救危亡為己任。義和團之亂，山西巡撫毓賢助長亂民，多所殺戮，致德軍攻五台縣之龍泉關，清政府軍不能禦敵，反於道經河邊村時，有所滋擾，閻氏曾集村民以土槍農具抗暴。時方十八歲，蓋已有過人之膽略與仗義之精神矣。

十九歲赴省垣太原，考入陸軍武備學堂。民前八年，由清政府選送日本留學陸軍。計在東京振武學校、弘前步兵第三十一聯隊，東京日本士官學校先後五年畢業。當抵日留學之翌年，感於國父中山先生之倡導革命，即加入中國革命同盟會。並遵國父啟示，聯絡同盟會中學習軍事之同志組織「鐵血丈夫團」，參加者有李烈鈞等二十八人，各省領導革命首義之中堅分子多屬之。民前五年，一度奉國父之命，與盟友趙戴文（趙後來曾任國府監察院長及山西省主席等職）由東京携帶炸彈經上海回國，布置晉省革命。時海關檢查，易啟疑竇。二人爭相擔承，分列前後，臨危禮讓，義勇無倫。此種同志精神，直維持到數十年當攻之後，始終契合無間；可謂「二難並」矣。

清宣統元年，閻氏二十七歲時，由日本畢業返國。初任山西陸軍小學教員。閱三月，升任監督。時清廷舉辦留學生朝考，例授舉人。回省後，改任山西陸軍第二標（團）教練官（團附），翌年，第二標改為第八十六標！升任標統（統帶，今之團長）。時與同志趙戴文、張瑜、張樹幟、南桂馨等深夜密計，致力於訓練新軍，組模範隊，培植革命幹部，又成立「辛亥俱樂部」，以研究學術，團結同志，鼓勵革命。以此遂奠定華北方面革命之初基。

二十九歲任山西都督

自辛亥武漢起義，南方各省，紛紛響應。山西孤立北方，環境形勢，敵人易來，外援無望。閻氏以沉毅勇敢的決心，於辛亥夏曆九日初八日（即陽曆十二月二十九日）率領三晉軍民，高舉義旗，響應武漢。不旋踵間，山西遂告光復。閻氏當被推舉為山西都督，時方二十九歲也。其經過情形，略如下述：

（一）閻氏與山西巡撫鍾琪的公子亮臣（光熙）以日本士官同學的關係，虛以委蛇，借以緩和官方之注意。

（二）閻氏與趙戴文、張瑜、喬煦（張、喬皆二標管帶）及一標標統黃國樑（非同志而私交好）五人結合為中心，計劃發動。

（三）軍隊以閻氏所統之第二標為主力。另用「官方不信任兩標，分別調赴省外南北地點，以巡防營調防省垣」語，激勵一標，運動加入。其他騎礮工輜各營隊，亦準此從下級著手運動。並以「討債起」三字與「債不能討」四字為隱語以報告運動之成否。

（四）閻氏於起義前夕，召集本標中下級官長十一人開會，當時情形如下：閻對他們說：「咱們是遵令開拔，還是起義？」大家同聲說：「我們應該起義。」又問他們：「一標不同情時怎麼辦？騎礮營有沒有辦法？」他們說：「礮兵可能設法，騎兵沒甚關係，一標至少能拉出一半人來！」閻說：「好吧！咱們先把二標的動作研究研究！」他們說：「二標就是瑞墉一個旗人（瑞是二營管帶），把他囚禁起來，就沒有事了！」

（五）初八日，天剛亮，就開始動作。閻督率二標先攻撫署後門之巡防隊。一標向撫署前門進攻。協統（旅長）譚振德在撫署門前厲聲說：「你們造反啦！」他喊了一聲立正，繼續說：「你們趕緊回去！不究！」同志楊潛甫反激他說：「協統也知道革命的大義麼？如知，指揮我們向前；否則，請退。」譚說：「甚麼叫革命？你們這是造反！」楊隨即舉槍將譚擊斃。這樣就衝入撫署。撫署衛隊亦未作抵抗。

（六）最後是巡撫陸鍾琪父子殉難情形。據閻氏所述：由撫署前門衝入之革命同志，未遇抵抗。此時陸撫衣冠齊整，立於三堂樓前，陸公子亮臣侍其旁。陸公子說：

「你們不要動槍，咱們可以商量。」陸撫說：「不要！你們照我打罷！」時陸之侍從有開槍者，遂引起革命軍之槍火，陸巡撫與其公子亮臣（光熙）遂死於亂槍之中。（予按此事說者不一。有謂撫署破時，陸氏衣冠出大堂，拍胸大聲曰：「我陸鍾琪也。君等必欲起事，可先殺我！」遂被革命軍擊斃。其子光熙踵至，疾抱其父掩護之，遂同被殺。更有謂閻氏親殺亮臣訾其不義者。其實閻於發難前曾告知一二兩標，對陸巡撫勿傷。頂好暫囚在撫署。其子亮臣同在署，並囑注意保護之。予意在革命作戰期間，兵不由將，所在多有。陸氏既父盡其忠，子盡其孝。閻及其所部亦皆各盡其義。更不必妄事譏評也。）至此華北革命之基礎，於以大定。此閻氏光復山西之實際情形也。

組燕晉聯軍，功敗垂成

當山西光復之初，清廷第六鎮統制（師長）吳祿貞將軍，正駐軍石家莊。吳祿貞本同盟會中人，閻氏認為有會商之必要。先是吳曾派其參謀長周維楨持親筆函至太原，函云：「公不崇朝而定太原，可謂雄矣。然大局所關，尤在娘子關外。」遂相約會晤於娘子關，共策北方革命繼續進行之大計。時袁世凱尚在其河南故鄉洹上，正擬北上入京，主持清廷之殘局。閻、吳兩人皆以袁氏挾有北洋六鎮新軍之勢力，且其權術過人，難與謀國。如任其入京，無論其為清室或為自謀，皆與革命軍不利。遂決定組織「燕晉聯軍」，推吳為聯軍都督，閻為副都督，出兵石家莊，共阻袁氏北上。不幸吳部營長馬某為袁世凱所收買，刺殺吳祿貞於石家莊火車站司令部，聯軍之議遂寢，袁乃得以進京。否則民國歷史勢將重寫也。吳部革命同志孔庚、王伯幹、倪普祥、李敏之、劉廷森等即由晉軍歡迎隨軍入山西。孔庚後為大同鎮守使。餘均任用有差。

吳祿貞被刺之後，清廷一面調第十二鎮由奉天南下。一面調第三鎮由統制曹錕率領，於太原光復後四十五曰，即由娘子關攻入，循正太路入晉。晉局粗定，寡不敵眾，相持數曰，前敵總司令姚以價即退返太原。其時第三鎮自統制曹錕以下，協統盧永祥、管帶新升標統吳佩孚、隊官（連長）王承斌、司務長張福來，皆後來北洋系之方面大員也。

閻氏至此，為保存革命力量，不得不謀退守之方。遂決定分向南北兩方面暫退。以副都督溫壽泉率部轉晉南。閻氏本人率北路軍入綏遠，攻佔包頭。隨即決定回攻太原。行至晉北神池，得知清廷已宣布共和。至欣縣，接段祺瑞電，知南北議和成，山西應歸革命軍，囑勿進攻。跟著太原各界代表，北至軍前歡迎，遂整旅入省垣，實任山西都督職務矣。

閻錫山軼事之二：最受中山推重、善與軍閥周旋

辛亥以前，山西地位在革命陣營中，是孤懸北方的。而在北方能夠首先響應武漢起義成功的，只有閻氏一人。此其膽識過人、計慮周至，在民國史中，實為最珍貴之一頁。故孫總理於辛亥之翌年親赴太原，特加慰勉。而閻氏於民三十三年克難坡山西光復紀念大會上，亦追述同盟合最初計劃「先南後北」之要旨。凡以見特立獨行之不易，而孤危犯難之難能也。

總論功，獨推重閻氏

孫總理於民元九月十九日蒞晉，在太原各界歡迎會上演講。首云：「去歲武昌起義，不半載竟告成功，此實山西之力，閻君伯川之功；不但山西人應感激閻君，即十八行省，亦當感謝。何也？廣東為革命之原初省分，然屢次失敗，滿清政府防衛甚嚴，不能稍有設施，其他可想而知。使非山西起義，斷絕南北交通，天下事未可知也。」又對山西商學界歡宴會上演講云：「前在日本時，嘗與現任都督閻君謀劃，令閻君於南部各省起義時，晉省遙應；此所以去年晉省聞風響應，一面鼓勵各省進行，一面牽制滿兵南下，而使革命之勢力，迅疾

造成也。」又在閻都督歡迎會上演說，亦多獎勉之辭。並於臨行時，特囑閻氏云：「北方環境，與南方不同。你要想盡方法，保守山西這一塊革命基地！」這可見總理對閻獎譽之殷，寄望之切。

閻氏於山西光復紀念日演辭，曾追溯山西革命歷史，亦云：「在辛亥革命以前，同盟會因為種種關係，把革命任務，分成兩部分：一為江南，一為江北。總理與同志們發動起義的地點，大家都主張在江南；因為一方面江南離北京遠，發動起來，北方的清軍，不易集中反擊；一方面江南有海口，易於輸入軍需品及得到外力的援助；且當時江南的革命潮，亦較江北為高。因此，江南江北所負的任務就不同了。當時山西負的任務，是革命軍到河南時，山西要出兵石家莊，接援革命軍北上；這是辛亥革命以前的決策。」由是可見閻氏於長江未定中原滿佈清軍之時，即能控制三晉，遙應南軍，而使北京震動，早收和議之功；其非常之偉業，實足大書特書者矣。

在軍閥圈中，應付裕如

自癸丑二次革命失敗後，民黨勢力，幾於蕩焉無存。山西整個被包圍於北洋軍閥勢力範圍之中。其間經過袁世凱之帝制、督軍團之跋扈、張勳之復辟、皖直之戰、兩次直奉之戰，閻氏始終以保境安民勤修內政為職志，從不介入，各軍閥亦無敢犯之者。蓋視娘子關外為鼠牙雀角之爭，如無物也。由是每遇北京方面一次政變，對政治體制有所變更時，安坐而接受任命。不獨人莫予毒，反有舉足輕重之勢。故由辛亥被舉之山西都督起始，而民元兼任山西民政長、民三任同武將軍督理山西軍務。嗣又晉任同武上將軍督理山西軍務共兼山西巡按使，民五、任山西督軍，民六兼任省長，民十四督辦山西軍務善後事宜。直至民十五、十六北伐之頃，始以國民革命軍姿態，發揮其蠖屈龍伸之本能。此雖由山西四塞之勢使然，而非閻氏之臨危不亂，應變有方，如何能於軍閥臥榻之側，安處十五年之久？此予所由稱其為民國以來第一人也。

世人向以閻馮並稱，甚至不知者或以閻為北洋系，此大謬也。其實馮玉祥確出身於北洋系。彼以第六混成旅長在武穴兵變起家，反覆於合肥，屈身於曹吳，被收買於奉張，然後投機而參加革命，取得國民革命軍第二集團軍總司令之名號，這是十足由北洋系蛻變出來，與閻氏大有逕庭。論者以閻為北人，又與北洋周旋多年，北伐後，一般皆以閻馮並稱，遂多以其為北洋派而瘼視之者，此北伐期間一大錯覺也。

治理山西，譽為模範省

閻氏富有政治思想，又能因時制宜。故所訂辦法，頗多發人所未發，行人所未行；且皆盡力推行，絕非徒託空言者所可比。其治晉也：對內倡導「用民政治」。推行水利、植樹、養蠶、禁煙、天足、剪髮（辮）六政。種棉、造林、牧畜三事。創立村仁化的村政基礎，精練革命部隊。

並建立「村民會議」，實行進一步的民主。計有：村經濟建設委員會、監政會、息訟會、戒煙會、保衛團，以期做到人人有工作，人人有生活，村村無訟，家家有餘；以達其「裕民生、正民行、敦民情」之政治宗旨。故其成績斐然，內外交譽。在北伐以前，北洋各派系，互相雄長，內戰不已；以致國無寧日，民不聊生。惟山西一省，不牽入內爭漩渦，使地方匕鬯不驚，人民安居樂業；模範省之稱，非倖致也。

晉省歷有商民，結隊經內外蒙古迤北至蘇聯經商。民九，有一批商民萬餘人，被蘇聯驅逐回晉，談及蘇聯革命之毀滅人性，與共產主義之不合人情，閻即召開進山會議，研究「人群組織怎樣對」的問題，以作思患預防之計。參加會議者，被由少數逐漸增至五百餘人，會期延長達二年餘。對資本主義之改善，共產主義之禍害，均作詳密之詳究，一致認為資本主義確有改善之必要；而共產主義把從交易上所治的病，誤認為是從分配上所治的病，主張廢除交易，實行按需分配，無補於人類，且有害於人生；必須尋求改善社會制度之道，以消除社會不平與經濟恐慌，納人類思想生活於正軌。乃提出「物產證券與按勞分配」，期以和平改革，挽救人類之劫運。此外並對：政治、經濟、文化、教育、倫理、家庭制度、發揚民主、保障自由、發達科學、擴大造產等問題，均有不少主張提出。凡此對於山西的政治建設與經濟建設，固有極大的幫助；而其對於緩和共產之偉大抱負，實足令一般疆吏汗顏無地。

閻錫山軼事之三：是軍人思想家、有許多新辦法

閻氏在北洋軍閥圈中十五六年，關起娘子關的大門，——從河北石家莊到太原的鐵路是窄軌，平漢路的火車是駛不進去的。任何人如乘坐小火車赴晉，只要剛到娘子關附近，車上的山西憲兵便出來對一些面生可疑的人，一一盤問清楚，記錄好了回去報告，真是滴水不入。他我行我素，因時制宜。辦法多多，在號稱模範省的時期，已如前說。現在且將爾後各時期的辦法，續續道來！

第三集團軍，得時則駕

閻氏在辛亥革命之初，以山西獨立，首唱響應武漢之舉；迨民十六參加國民革命，又收完成北伐之功。冷藏十餘年，而前後呼應，脈絡一貫，似對革命陣營，天衣無縫，亦誠人傑矣哉！

當國民革命軍佔領武漢之後，蔣總司令以破竹之勢，擊敗孫傳芳之五省聯軍，而規復南京，成立政府。其時寧漢首次分裂，北洋亦於垂敗之餘，作困獸之鬥。於時武漢方面，欲得

閻氏加入，以壯聲威，率先委以崇銜。北京方面，亦冀閻撐持殘局，不惜脅迫利誘。居危疑夾縫之中，終能屹然不動，督率晉省部隊，領導華北同志，贊襄策應，朝宗南京；不一年而粉碎北洋軍閥，完成全國統一。而其所部則分布於晉冀察綏平津一帶，所謂「晉國天下莫強焉」，此其時也。

民十七、十八、十九之交，華北局面，真是山西人之天下。除晉、冀、察、綏四個省政府不計外，李服膺為北平警備司令，傅作義為天津警備司令，閻氏以國民革命軍第三集團總司令兼平津衛戍總司令，並被選為中國國民黨中央執行委員，同時任國民政府委員、太原政治分會主席，並遙領內政部部長兼蒙藏委員會委員長。民十九年任全國陸海空軍副總司令，嗣於民二十一年改任太原綏靖公署主任，尋任國民政府軍事委員會副委員長。蓋除國府主席與軍委會委員長外，所有崇銜，幾於一身兼之。而中樞方面只派有一徒擁虛名之北平綏靖主任何成濬，不過拉攏雜牌隊伍虛與委蛇而已。然則閻氏是功高震主歟？抑榮位無極耶？故為乎又有民十九年之中原大戰也？此當另詳述之。

抗日與剿匪，因應多方

閻氏於「九一八」到「七七」事變這六年期間。始則高唱「自強救國」！繼則提出「守土抗戰」的口號。這中間擬訂許多辦法，經過多方努力，以堅定的決心，深妙的運用，贊助政府完成抗戰的國策，粉碎日本軍閥在華北遊說誘迫種種陰謀計劃！其堅苦卓絕的精神，誠不愧為國家之中流砥柱。茲分述其事如次：

一、擬定「土地村公有」計劃——此實為改良土地政策之急先鋒。

二、創辦山西全省人民共營事業——集資五百萬元，由全省人民選舉董監事及督理委員以掌其事。

三、確定十年建設計劃——普遍加強全省生產事業之發展。

四、成立自強救國同志會——以推動建設計劃。

五、所已創辦之工廠採工人分紅制——無不平，無怠工。經營至對日抗開始時，資金已增至一億元。西北實業建設公司之各種機器，發展到四千三百餘部。輕重工業工廠，發展到三十二廠。

六、同蒲鐵路——完成一千一百餘公里。

七、閻氏製有一「努力實現歌」以示建設要旨。其辭云：「無山不樹林，無田不水到。無村不工廠，無區不職校。無路不修整，無房不改造。無人不當兵，無人不入校。無人不勞動，無人不公道。」

八、物產證券與按勞分配——這是「進山會議」後數年來所研究之著作，曾於民廿一年蔣先生蒞臨山西時面呈，經中央黨部認為與民生主義之宗旨甚合；遂連同其理論根據之「中的哲學」一同刊印行世。

九、編定民眾、士兵、學生防共課本與防共歌詞——這是民廿四年共黨由江西竄抵陝北時，閻氏認為必將禍晉所實施之防共教育。

十、成立「主張公道團」——訓練民眾、團結好人、制裁壞人，使共黨地下組織無由發展。

十一、組織「防共保衛團」——全省各縣一齊組織，成為面的防共武力。

凡此，就可看出閻氏對於一切防共事宜，早有預備，所以民廿五年二月共黨果傾巢犯晉，閻氏所部在孝義仲家山一役，擊潰其主力。其後共黨雖分竄，備受各地民眾及保衛團之打擊，不二閱月而全部肅清；皆得力於其素有準備之功也。繼此而抗日期間，還夾雜著八路軍的問題，內敵外寇，雙重交迫，應付之艱，當可想見。

閻錫山軼事之四：抗日防共雙管下、太原克難一場空

抗戰開始，任第二戰區

民國廿六年，抗日戰爭開始，閻氏任第二戰區司令長官。初時，小規模作戰，迭挫敵鋒於晉北原平、欣口等地。時政府已撤至漢口，閻即親赴行都與政府首長協商大計，其所提出的建議，約如下列：

一、建議政府實行「全面戰的戰略」。堅認抗戰為中華民國復興的最好機會。主張「主弱勝強」、「以弱變強」的辦法，以達到由抗戰到復興的目的。

二、提出「民族革命」的口號。

三、宣布「民族革命十大綱領」。

四、創造「民族革命戰法」，推行「民族革命政治」。

五、設立「民族革命大學」廣收民青族革命年。

六、民廿七年二月，並在襄城、溫泉成立「民族革命同志會」，擔負民族革命到社會革

命的任務。

艱難任務，指揮八路軍

在抗戰開始，共黨之紅軍編為第八路軍；旋以共同抗日，按照國軍編制，改為第十八集團軍，歸第二戰區司令長官閻錫山指揮。其時所謂八路軍，實際上已竄遍華北，似有似無，若隱若現，聲威及於民間，部隊無從捉摸。這一尾大不掉難於控制的特殊部隊，任何人亦沒法指揮。閻氏擁此虛名，只有增加煩惱。自該部入晉後，不遵命令，不打敵人，專以繳收友軍槍械、搜括人民財物為事；後竟到處襲擊友軍，擴大鬥爭清算；控制難能，取締不可，理喻無方，難期友善；閻氏在這樣內外交迫的艱難苦境中，正規軍既受影響，日寇亦節節進迫，在獨立無助之下，只得退守黃河東岸僅有之根據地。

屏障西北，構成克難坡

閻在晉西根據地，克服萬難，堅決奮鬥；於敵人多次進攻之餘，不斷謀存在發展之計。以長官部為戰區號令所關，民眾觀瞻所係，乃就山坡上下構築數千土窰；陂迤綿迤，奠厥攸居，建築高低，星羅穴處，是抗敵之山城，出擊之基地，名之曰「克難坡」，不愧為金湯堡！閻氏之苦心經營，於此可見。

在克難坡，更無日不斤斤於訓練幹部、組織民眾、改革政治、整訓部隊；同時並提倡生產、發展經濟，以使軍隊日益強大，政權日益鞏固。此飄搖風雨之國防前線，終能在篳路藍縷、慘澹經營下，完成軍、政、民融為一體的力量，以撐持華北，屏障西北，待機而收復太原。

兵農合一，是嶄新制度

當民卅二年抗戰過程進入最艱苦的階段之時，閻氏又兼山西省府主席。為貫徹民族革命與社會革命融為一爐的主張，同時使土地問題與國防問題併為一案而解決，遂根據人民意向所從同，提出劃時代的「兵農合一」制度。首先在晉西二十餘縣實行編組服役，劃分「份地」，平均「糧石」各工作；達到種地的人多，打仗的人亦多；種地的人好，打仗的人亦好；同時增進了糧食的產量，加強了作戰的力量；如此安然渡過抗戰中間最艱苦的階段。

勝利後，對於收復各縣次第推行，亦成為戡亂戰事的主要力量。到行憲後，立法院認「兵農合要」制度為全國所共需，特通過「兵農合一綱要」咨送政府實施。雖因大陸劇變，未及實行，而今日台灣土改之完成，未嘗不師其遺意，而特致意於土地政策也。

新經濟制度，又一新猷

閻氏的辦法，真是層出不窮。繼兵農合一實行之後，他又建立一個新經濟制度。這制度基的本精神是：生活、生產、戰鬥合一。人人生產，合作互助，以工作保障生活；同時管理工商、調節糧食，做到全面的自給自足。在新經濟制度下：廢除了營利目的的工商行為，建立了供應性的生產供銷機構；並化工為商，在社會上只有正當生活的供應，而無奢侈享受的供給。物品交換的媒介，不使用「金代值」的貨幣，而使用以物產作準備的「合作券」。有多少物，發多少券；物券相符，故無物價波動、幣值低貶之慮。在自給自足的基礎上，是以發展生產為新經濟制度的靈魂；按全面的需要，計劃生產，並擴大外銷的產量，換取生活生產上必需的物品，以穩定生活，發達生產。

新經濟的實施：是從基層做起，由家家計劃，到村村計劃，使人盡其力，力無糜費。所以在抗戰中的山西，可以說無閒人、無窮人；人人皆有工作，人人皆有生活。這是閻氏苦心焦思的辦法，不僅適應了艱苦抗戰的需要，也是一個社會性的大改進。

閻錫山軼事之五：勝利甫告接收、和談繼以戡亂

閻氏率同軍民，跼處在那「克難坡」，費盡心機，花樣百出，總算渡過了抗戰的艱虞歲月，喜逢到勝利來臨，照理說正應該苦盡甘來與民休息了；而孰知「慶父不除，魯難未已。」內寇較之外寇，殆有甚焉！

勝利開場，太原城備戰

民國三十四年（一九四五）英美諸國在歐洲擊敗德意後，日本隨之宣布投降。閻氏深知共黨將阻撓其接收，遂預行策動布置收復工作，由克難坡進駐第一線之孝義。跟著衝破共軍騷擾範圍，收復太原、臨汾、運城、長治；不三週間而北收大同，全省一百零六市縣，除共軍所佔縣城外，計收復七十九市縣，已逾全省之大半。更進而解除日軍武裝，完成各項接收工作，並無偽軍、漢奸種種枝節問題，迅速確實，堪稱接收之模範。

閻氏的接收，另有一套錦囊妙計：他自知兵力無法保衛山西，就決定收編汪政權的部隊，並留用日本投降軍隊，改編化名，備為己用。所以汪政權時代的太原保安局司令部參謀

長李渤，雁門道指揮秦良驤，皆正式被任為師長，到晉北欣縣一帶布防。同時並留用日本華北派遣軍高級軍官城野宏化名李誠，官階中將，組織留晉日軍，共同抗共，協保山西。（事詳城野宏所寫日軍協保山西經過）這樣的辦法，當然是違背中央所規定的接收政策的；但是閻氏認為事勢所迫，非熟計經權，不足以禦非常之變；其能轉戰三年，固守太原，為全國最後陷落之名城，最榮譽殉難之史跡，非倖致也！

和談鬧劇，馬歇爾抵晉

閻氏久懍於抗戰期間，與共黨接觸之經驗，及指揮共軍之痛苦，深切明瞭其必不能與政府合作。禍至無日，迫在眉睫，故於回太原之翌日，即令太原及其他各重要防地，積極構築碉堡工事，太原及各地工廠，盡量加大兵工製造；一面普遍訓組民眾，組織愛鄉團隊，以防共軍之進攻，而共軍亦未嘗一日停止其進攻也。

不意美方派馬歇爾來華，堅主和談調處三人小組辦法。於七上廬山之後，復親蒞太原，與閻氏晤談。閻曾語之曰：「君之調處，係交易性質之折衝，如共黨之目標，在買賤貨，交易尚有可成之望；而今共黨之目標，在得工廠，不論貨如何賤，亦非彼之願望。」這在閻氏固是真知灼見，而在馬歇爾則不稍顧及也。

和談期間，晉軍遵令停戰，甚至所收編之日軍，亦深居伏處，以避免三人小組之干涉；

以此適予共方進攻之機會，不旋踵間，晉省縣城於此時陷入共方者達三十七縣；和談之結果，各地皆然也！

無數血戰，到晉中被圍

民三十五至三十六兩年間，共軍在晉省各地發動無數次攻擊：大同、應縣、欣縣、中陽、苗沃、運城、臨汾等地守軍，無不浴血拼戰，這在戡亂過程中，實為最慘烈而不可磨滅的偉績。三十六年春，晉中即被圍困。閻在兵農合一社會的基礎上，倡行「平民經濟」，使戡亂物資，能夠有計劃的使用。普遍發動人民實行自清、自衛、自治，使共方地下組織與小部武裝全遭破滅。並在「生活平等、勞動平等、是非平等、犧牲平等」四大平等原則下，發動起晉中軍民堅決戡亂的「總體戰」；此為困守晉中抗共之真實經過。

堅守太原，成立戰鬥城

太原外圍僅有的晉中部分，到民三十七年六月，國軍掩護人民夏收之際，共軍集五十萬眾，猛攻太原外圍；閻氏為保守其最後基地，遂以全部兵力集守太原，建立「戰鬥城」的體制。人民全體參戰，分擔戰鬥任務，市民在敵火瞰制下，亦仍各安其業，冒險助戰；此時城東共軍陣地，距城僅有五里，而在閻氏堅強意志百折不撓之領導下，發揮出軍民協力沉著抗敵的精神。同時利用早經準備之碉堡工事，與充足之武器彈藥，終能苦撐九個月，粉碎共軍六次總攻；實為戡亂以來無與倫比之輝煌事跡。環顧全國，但聞戰略撤退之聲，能不慨然！

太原失陷，痛壯烈犧牲

民國三十八年，北平傅作義以局部和平，作變相式的投降，太原更陷孤立。雖軍民協力，日夜苦戰，但外無援兵之望，內有絕糧之憂，閻氏曾兩度發京，請求空運。同年四月又奉召入京，共軍以平津既降，即傾華北全力，並集重礮、火箭礮多門，大舉攻城；閻氏在京接報，即速飛回，奈以機場不能降落，去而復返。太原孤城，終於南京撤守之次日，陷於共方。在最後一日半之慘烈巷戰中，忠勇將士，視死如歸。有：已負傷而仍殺敵者、與碉堡俱盡者、與樓宇共焚者、個別自殺者、相對發槍互殺者。其最足驚天地而泣鬼神者，為山西省政府梁代主席敦厚等五百完人之集體自殺，縱火焚屍，以實踐「不做俘虜！屍體不與共匪相見！」之誓言。此誠戡亂史中最珍貴之一頁，足為吾人永誌勿忘者！

閻錫山軼事之六：閻錫山與太原五百完人紀念碑

昔田橫以漢滅項羽，與其徒五百人亡入海島中。嗣以漢高招，詣洛，未至三十里，終自殺。其徒在島上聞之，遂同自殺。此以見田橫之精神貫注於其部屬，雖遠死於千里外，而其徒仍之死不貳也。閻氏督厲其部眾，死守太原，時日之久、血戰之苦、失陷之慘、死事之烈，為全國所未有。五百完人，光昭史冊，豈田橫島所可比擬。獨念田橫以遠離海島，先死而其徒從之。閻氏以不能下機，悵望太原，雖後死而部下亦能先之。事雖小異，而懍然大義，彪炳千古矣！

千秋華表，著五百完人

閻氏最後飛返太原，以未能下機，折回南京，太原遂於民國三十八年四月二十四日為共軍所攻陷。死事之慘，具如前述。閻氏乃以機場返駕之身，為完成撤退之舉。自拜命行政院長後，一撤成教，再撤廣州，終至台灣。當立法院開會廣州時，曾通過議案：建立「太原五百完人成仁招魂冢」，未及施行。直至台北建立行都，翌年之三月，始擇妥北郊圓山之陽，完成義冢。碑壇峙立，松柏森羅，閻氏乃為碑文以誌之。茲錄全文如下：

太原五百完人成仁紀念碑

抗戰勝利，我國家望治圖安，兼容並蓄，共匪獨挾其乘機坐大之勢，包藏禍心，病國殘民，肆侵噬而壞和平者，無微不至。以山西為北方重鎮，如鯁在喉，惎之尤甚。先則連年逞其橫暴，迭陷長治運城臨汾各要地。三十七年夏，漸進為晉中城鎮之爭。逮乎秋初，遂向太原作直接之猛擊。亘九閱月，大舉進犯者六，諸小接觸始則無虛旬，繼且無虛日。次年四月九日乘和談進展之際，罔顧信義，更糾合精銳三十萬及民兵，稱是為第七次之總攻。十九日戰況益急，環城碉堡三千七百有六十，舊恃為固者，匪集所得新式火箭砲，全力猛轟之，人碉將次盡燬，火海沸騰，血肉如飛雨，天日俱昏，地鈐鈐動，戰鬥慘烈，為向所未有，殺賊之眾，亦為向所未有。二十四日城陷，肉搏巷戰，民居六萬戶，乃無一完堵。山西省政府委員代理主席梁敦厚於陷前二日，尚與余通電謂，一切已準備好，請釋念。其前夕，猶持燈巡各室，顧視諸人，笑語相慰藉。及匪薄省府，警備兵激戰，傷亡殆盡時，飲藥自殺，遺命焚屍，不為賊辱。國民大會代表山西婦女會理事長閻慧卿亦自殺於省府，慧卿者、余妹也。山西省政府統計處處長兼特種警憲指揮處處長徐端、山西第一區行政督察專員尹遵黨，各率所屬男女職員，力戰後集體飲藥，焚樓燬屍。山西省會警察局局長師則程率部力戰後，先鎗殺子女，與妻史愛英沐浴更衣，命之背立，史謂就義故云怯，正立不稍撓屈，乃殺妻自殺。太原綏靖公署特務團營長趙連魁，率部固守綏署據點，激戰力盡，破壞武器，向匪大呼，告以不屈，悉舉所携手榴彈拉火自殺。是役也，除戰死及軍民殉職者外，我文武人員義不反顧集體自殺以報國家者，舉今所知已五六百人，雖共匪亦謂為稱兵以來第一劇戰云。事聞朝野震悼，中央明令褒揚，立法院開會廣州。吳委員延環等三十六人提議建立太原五百完人成仁招魂塚，用資矜式，決議通過，咨行政院辦理，中以粵蜀相繼撤守，未及施行，是年冬，政府建台北為行在所，改歲三月，爰於行都北郊圓山之陽，擇妥地址，須庫帑新台幣二十萬圓，飭各主者共為營度。

　總統蔣公，優卹有加，重錫褒揚之令。創始八月一日，迄十一月十五日落成，為坊一、碑壇一、堂一、塚一，貞松勁柏森植於其間，靈爽式憑越海山而眷茲，西顧登臨時禮，使人溢興起之思焉。烏乎！人生皆有死，顧輕重何如耳。昔張許之殉睢陽也，江淮概賴以保全。周忠武之殉武遲，闖賊且折其逆志，良史書之，具見關繫之大。共匪為禍之酷，超軼闖獻，徒以邪說橫流，群眾易受其蠱惑，非有堅貞弘毅之志節，不足拒詖淫而大警頹靡。今梁君等慷慨從容，臨難不苟，可以明恥，可以教忠，使正義大白於世間，決不與頑寇共戴天地。事越期年，雖神州暫沉，而人心轉奮，河山蕩滌，已如冰泮之先春。此其關繫所存，將抗睢陽寧武而跡炳千秋，而昭乎九域，詎唯一時一地之光烈哉。自維作鎮鄉邦，垂四十載，至此危難，適銜命在都商承大計，未克與父老同其終始，獨諸君子燔軀湛族，聯袂成仁，憑弔英靈，追懷良佐，雖憤深公敵，自將抑我私悲，然興言雪涕，實不能無感於存忘也。

五百完人簡單題名錄

山西省政府委員代理主席梁敦厚。

山西省政府統計處處長兼太原特種警憲指揮處處長徐端。

山西省會警察局局長師則程。

太原特種警憲指揮處副處長嵐風。

山西第一區行政督察專員尹遵黨。

山西國大代表閻慧卿、許有恆。

山西國大代表兼平遙縣縣長吳春台。

特種警憲指揮處秘書主任范養德。

特種警憲指揮處科長張劍等八人。

特警隊長李紫雲、副隊長曹樹聲、唐守亭。

特種警憲指揮處政治主任常修義。
山西省會警察局秘書史愛英。
山西省會警察局分局長任永慶。
太原市政府秘書姜傳忠。
中國國民黨山西陽曲縣黨部書記長李玉書。
山西省第四區行政督察專員公署秘書主任高雲峰。
太原綏靖公署特務團營長趙連魁。
太原總體戰行動委員會政治工作隊隊員周延年等五十人。
太原總體戰行動委員會軍事工作隊隊員樊潤德等四十七人。
太原總體戰行動委員會經濟工作隊隊員呂德興等七人。
太原總體戰行動委員會宣傳工作隊隊員閻寶慶等十三人。
特種警憲指揮處科員張國昂等三人。
特種警憲指揮處偵察員郭慧等十人。
特種警憲指揮處工作員吳成烈等五十一人。
特種警憲指揮處特務連（排）長馮昌煥等三人。
特種警憲指揮處特警隊工作員楊子忠等一百四十人。

特種警憲指揮處別動隊隊長、副隊長楊毅克等四人。
特種警憲指揮處別動工作員蘇滋德等八十八人。
太原綏靖公署侍衛隊分隊長、副隊長柳汝鳴等五人。
山西省會警察局何忠等四十七人。
太原市政府白德芬等四人。
平遙縣政府張文玉等四人。
介休縣政府張懷慶等四人。
陽曲縣政府徐竹青等二人。
文水縣政府賀子正一人。

閻錫山軼事之七：三遷內閣，終老台灣！

閻氏於民三十八年太原陷落，五百完人集體自殺後，還做了大陸淪陷前最後一任行政院長兼國防部長。入台卸職以來，直至民國四十七年，方捐館舍。這較之五百完人，業已後死十年。對國共關頭，總算完成晚節；而對太原死士，終不免望帝魂歸矣！

臨危任閣揆，三度播遷

國府於民三十八年由南京遷至廣州，閻錫山於是年六月就任行政院長兼國防部長，雖亦發布戰時施政方針，並擬定許多挽救危局方案；但以軍情急轉，自然無從實行。旋以廣東難守，眾議欲以四川為根據地，遂又遷都重慶。渝都未定，意見紛歧，而代總統李宗仁又以出國聞，不旋踵間又遷都成都。此際總統蔣公已在台宣布復職，並不度飛蓉，指示最後入台大計。閻氏於數月之間，主持三遷，戎馬倉皇，行李塞道，飛機缺少，官屬奔號；當時余曾目睹集於議會（行政院假成都議會會址辦公），望雲路而傷懷；臥於機腹，攀龍髯而莫逮者，比比然也。閻氏終於萬分困難之中，儘量率其要員以入台。於民三十九年三月卸職，集新舊閻員移交於繼任之陳誠院長，以維持國府之系統於不墜。其於山西失陷後，乃以組閣結束其一生之仕途，謚之曰「不倒翁」，誰曰不宜。

民國四十三年二月，第一屆國民大會開第二次會議於行都台灣。蔣總統報告詞中，曾綜合淪陷之經過云：「自三十八年底至三十九年初，赤燄滔天，挽救無術，人心迷惘，莫可究極；甚至敵騎未至，疆吏電降，其土崩瓦解之形成，不惟西南淪陷，無可避免，即台灣基地，亦將岌岌欲墜，不可終日；而一般革命敗類，民族叛徒，無論文武，多數將吏，惟恐其對敵乞降之無路，陷害政府之不力，更視中正為寇仇之不若，而以共匪宣叛第一名戰犯為寬大。當此之時，中央政府幸有閻院長錫山苦心孤詣，撐持危局；由重慶播遷成都，復由成都遷移台灣，繼續至當年三月為止；政府統緒，賴以不墜者，閻院長之功，實不可泯。」

退休金山後，專事著述

閻氏自卸任行政院長，蔣總統位以資政崇銜，氏即卜居台之金山，專事著述。其刊行問世之作，有：《世界和平與世界大戰》、《反共為什麼憑什麼反共》、《大同之路》、《孔子是個什麼家》、《中國政治與土地問題》、《人應當怎樣》等書，及應邀各方演講所集成之講詞《安和世界言論選集》，並另著《世界大同》及《三百年的中國》等等。

閻氏更有一本《補心錄》，計擇錄孟子、大學、中庸、周易、論語、尚書、思想日記，都二百二十九段。並曾於民四十四年自製春聯兩副，其一云：

造福世界，替今人正德，替古人宣德，替後人立德；是仁者責任；
澄清宇宙，為現世除寃，為往世鳴寃，為來世防寃，及聖賢心懷。

其二云：

回想千載孔夫子，慨言大同，時乎來矣應誕降；
誰作今日華盛頓，拯救世界，民之望也定成功。

觀其著述及《補心錄》，似已拋棄其在山西許多唯物計劃，一變而為唯心空談。而其春聯第二副，更似寄望於美之能有再世華盛頓，嗚呼！難矣！

閻氏剔歷政海，身際危亡，對於世界戰爭之毀滅人類，轉而期求人類的安和與幸福。故雖不是天主教徒，亦曾三次向教皇建議，冀能挽救人類之危機，而實現世界永久和平；蓋亦於無可奈何之中而委命於上帝也。

閻氏前在太原，曾會晤過羅馬教廷駐華公使黎培理氏。在台時又曾與藍澤民總主教談話及與田耕莘樞機主教會晤，作惜別贈言。大抵不外資本主義與共產主義，世界大戰與世界和平一類論調；蓋其衷心反共，想望和平，固始終不貳也。

閻錫山軼事之八：憶中原大戰、作蓋棺之論！

前文已寫到閻氏終老台灣，這當然已盡其一生矣，還有甚麼餘文可說，但是事實上卻又大大不然。我寫此文是根據賈景德先生所跋的〈閻故資政錫山事略〉全文及我在北方十餘年見聞所及綜合而成，所以對閻氏褒多於貶，甚至有褒無貶！可是民國十九年二月由閻氏以「禮讓為國」一電，掀起反蔣高潮，繼而閻、馮發動之「中原大戰」，南北動員至百餘萬人，激戰五六月，時間幾近一載，死傷無算；北京且由汪精衛開擴大會議，閻氏亦就任偽府主席；這樣的大事，如何可略而不談呢？原來賈景德舊時是閻氏的秘書長，而又任國府考試院長，在台灣既不能把偌大創痕引起蔣總統之回憶，又不能不為府主諱、為賢者諱；在深思熟慮之下，自有其不得已之苦衷。但這是民國不可磨滅的史實，筆者卻不欲避而不談。

禮讓為國，一電成冷戰

當民國十七、十八年間，桂系之李白退保廣西，武漢粗平。馮玉祥敗於登封一役，退出隴海線，託庇運城。唐生智鄭州發難，反蔣失敗，漯河出亡之後，一連串發生軍事，中央正在多事之秋。閻錫山忽於民十九年二月十日，以第三集團軍總司令名義，上電國民政府蔣主席，藉詞「禮讓為國在野負責」，要脅蔣主席與之共同下野。陽託禮讓之名，陰作稱兵之計。於是軒然大波，舉國沸騰。繼之而起的，有閻錫山、馮玉祥、李宗仁等四十五人聯銜通電，提出「黨統問題」；同時汪精衛等亦通電響應。中央方面，宣傳部發表一篇「告同胞書」，措詞嚴厲，胡漢民、譚延闓等黨國元老亦予汪、閻等以駁斥，馮玉祥更以「蒼髯老賊，皓首匹夫」痛罵吳稚暉；文電交馳，為民國以來未有之冷戰，蓋已箭在弦上矣。

原來那些通電，乃緒戰的開始。接著就將汪精衛及改組派分子歡迎到北平，開國民黨中央執監委擴大會議，組織政府，推閻為偽府主席，冀與國府對立。這時閻在北方，挾有平、津、河北、山西、陝西、甘肅、寧夏、綏遠、察哈爾等省區，在南方有桂系之呼應，古所謂「晉國天下莫強焉」，固以為可操勝算也。

閻馮用武，中央申討伐

到了是年四月，馮玉祥首先出兵隴海路，攻佔開封、蘭封、歸德，向徐州挺進。閻錫山隨亦設司令部於平原，親臨督戰，晉軍旋即侵入魯境，佔領濟南、曲阜，與中央軍大戰於泰安。此時國府經已頒發討伐閻、馮命令，並開除汪精衛黨藉。而大戰重點，則集中於隴海鐵路之蘭封與山東之泰安兩處。蘭封以蔣主席之駐節柳河，先後收復豫省各地，馮軍先敗。而泰安則呈膠著狀態，閻在平原，亦督策所部，誓死力戰，終亦不支而潰退。此一戰役，在平津方面，相傳有一段笑話。據說：民初、閻氏主政山西時，因民間吸食鴉片者多，——山西自明清以來，掌握全國票號，多富豪之家，恐子弟嫖賭遊蕩，故任令吸鴉片以保家。——遂厲行禁煙，號稱模範省；同時日人以天津租界為根據地，石家莊為轉運站，大量輸入白粉；於是昔之有鴉片嗜好者改吸白粉，寖假而傳入軍隊，閻氏不知也。此次泰山戰役中，適值霪雨多日，火種白粉，一時並濕，士兵癮發，無力作戰，遂至大敗。此事傳遍平津，雖屬齊東野語，或亦運數使然也。

東北軍入關，閻馮下野

中央在戰略上，一面以主力擊破隴海線之馮軍，一面分軍力戰山東泰安一帶之晉軍，而最重要之策略：則分派大員，策動東北軍之入關，以直搗平津，震撼晉軍之後方。閻氏雖亦派出代表，謀阻張學良之介入，而此中微妙作用，晉方終無勝算；盡至是而閻馮全局瓦解矣！

此次戰局前後亘六閱月之久，而以馮軍之固守蘭封，戰況最為激烈。直至九月底，各方始急轉直下。於是張學良順利接收平津，晉軍殘部退入山西，馮亦以所部交鹿鍾麟率領聽候中央改編，張自忠、吉鴻昌、梁冠英等部亦先後向中央輸誠，真所謂兵敗如山倒。至此閻馮亦宣布下野，閻氏先回山西，汪氏暨擴大會議部分同人亦先後到晉，閻氏分別布置善後資遣同人，以省政暫交趙戴文，本人則飛往大連，汪氏亦出亡海外，中原之戰，至是始告結局。

閻氏這個「不倒翁」，雖出亡大連幾個月，但他依然倒而未倒，旋即飛回太原，仍安居「山西王」的寶座，以至民卅八年太原陷落為止；這真是玄而又玄，微妙之微妙。民國以來，無第二人堪與伯仲也。

權變莫測，出賣唐生智

我於閻氏一生，既佩其思想豐富，因應多方；又覺其變化無常，順逆失據。他既擁有華北七八省區，何以又作背叛中央之想？他既聯桂作亂，何不興兵於寧漢分裂之時？他既聯馮犯順，何不援馮於唐生智登封討逆之際？他既嗾成唐生智鄭州之變，何以不同時發難而食言，任令唐氏失敗，轉於兩月之後大舉興兵？凡此種種奧妙，令人百思不得其解！姑就馮玉祥、唐生智二事言之：當民十八、唐生智以討逆軍第五路總指揮擊敗馮軍於登封鞏縣之間，追奔至洛陽以西，虜獲無算，閻氏何以對馮坐視不救，而轉欲合作於馮軍殘敗之餘。又當唐生智由別府回滬，奉蔣委員長之命，再度起用為討逆軍第五路總指揮，赴灤州易帥之初，始終無反叛之心。曾記唐氏由上海祕密出發時，蔣百里先生調度一切，於最後登輪時，在法租界朱葆三路「別采里」法國飯店開一房間，百里對唐與筆者作臨別之交代，謂：「此次北上，你（指予）要多負點責任！今後天下人反蔣，孟瀟不能反蔣！蓋蔣公之知遇，與軍人之信譽有在也！」時孟瀟（唐生智別號）正感蔣公之起用，深凜百里師之言。隨即偕予登輪北上，順利完成使命。嗣即由平至鄭，布置一切，大敗馮軍。當委員長蒞鄭勞軍時，君臣之間，異常融洽，且曾命唐以代理統帥，節制平漢、隴海兩路軍事。當此之時，唐氏何以以勝馮之聲威，作不情之反叛。皆因閻氏此時已南聯汪、桂，北控中原，以袁華選（士權）往來協謀，許唐以軍費三百萬，促唐聯合發動反蔣。一面汪精衛自桂電唐，有「如不發難，無以對西南同志」語。孟瀟看事輕率，易於衝動，遂有鄭州之變，其通電固閻所寓目也。

戰端既開，中央命趙戴文返晉，閻氏對唐竟一反前言，聞已匯北平之軍費一百萬亦被收回，閻氏本人反得挾唐之變亂，取得中央之款械；其權變之不測，有如此者。唐部既膠著於確山，天又大雪，唐困守漯河車上，始終未至前線，蓋亦自知其輕舉妄動為人利用而敗矣。予時尚住鄭州中央飯店，某晚，軍長王金鈺（相廷）來寓（王係士官六期，民六任北洋十九師楊春普的參謀長，與予同住宜昌相稔），手持一北京火車票交予曰：「明日閻老西與何雪竹（成濬）來鄭，你可即回北平，以免在此不便！」

予謂：「你可想法送我到漯河。」

王將枱子一拍謂予曰：「老弟！唐孟瀟即是神仙，這次仗也打敗了！」

我說：「我知道一定失敗，但我不能臨難苟免呢！你送我過去，就是做俘虜、做土匪、或一同逃難，也不怨你。」

王說：「好！夠義氣！我派人給符號送你去」！

我到漯河第二晚，唐對我說：「我是信佛的，這次你送我來，我相信還是由你送我出去！」

我說：「好！我負責！但是路上一切要聽我的！」

就這樣，在四面楚歌懸賞緝辦之下，我和唐氏安全抵津，轉至香港。（這一段途中經過，張岳軍先生在上海問我，我曾對他詳細說過。）這一次舉動，南誤於汪，北誤於閻，孟瀟忘了百里師之言，累得百里師也在南京幽禁年餘，唐始終嘴上是不肯認錯的。如我這樣又是部下又是朋友的，又有何說呢！

最好笑的，距此約兩月餘，閻錫山又大動干戈反蔣了。那時我在天津，閻電天津警備司令傅作義請我到太原去（原電是傅派錢參謀送來的，錢後來做過蘇省廳長，現住台灣）。我在石家莊正太旅館曾看見孫傳芳，他正興高彩烈，說到上海請我吃上好黃酒，說還有五百罎存滬呢。這可看出他們以為必勝了。我到太原見了閻氏，時趙戴文在他房間，閻握住我手說：「我們現在也反蔣了，你可能請孟瀟來麼！」

我聽了心裡又好氣、又好笑，我就說：「孟瀟現在手無寸鐵，來有何用？」

他說：「你先去電請他來，我自有辦法。」

我回津就拍電至香港，後來孟瀟雖施施然來，也未見閻，也未參加擴大會議，只在天津玩了幾天，打打麻將，就回香港去了。

恍然大悟，我作蓋棺論

就這些事看起來，我對閻氏來了個恍然大悟。他是一位研究六韜深謀遠慮想統制中國的人。他又恐群雄跋扈，不為己用，讓他們先後反叛，一面削弱中央勢力，一面叫他們一個一個通倒下來，然後聽其驅策，使天下英雄入我彀中，這正是晉文公所謂：「莫予毒也已。」我默想他的手法，分三大步驟。

第一：繼承北洋勢力。他坐守山西這四塞之地，養精蓄銳十六年，聽北洋各派之內戰起伏，待機以承其敝，所以一到張作霖出關、北京無主之時，他就出兵娘子關，所謂「靜如處子動如脫兔」也。即使沒有國民革命之北伐，我以為他必乘機而起。

第二：他利用國民革命軍完成北伐之時，以第三集團軍名義輕而易舉的略取平津河北，坐觀南方之變。第一次國共寧漢之分他不管，第二次寧漢分裂他也不管，兩廣獨立他不管，討馮討唐他皆不管，且因以為利；夫然後實行其第三步驟

第三：利用汪以取黨，利用馮以作戰，利用桂以牽制湘贛，利用下台軍閥孫傳芳、吳佩孚、齊燮元等以安餘孽，以壯聲威；至是乃成反中央之「集大成」，宜其以為必勝也。吾意其不與五百完人同死而任最後之行政院長，其亦有西川蜀漢海外扶餘之想耶！

嗚呼，不倒翁終倒矣！然閻亦人傑矣哉！

血歷史154　PC0871

新銳文創
INDEPENDENT & UNIQUE

適中求對的山西王：
閻錫山回憶錄及其他

原　　著	閻錫山、臧卓
主　　編	蔡登山
責任編輯	石書豪
圖文排版	林宛榆
封面設計	楊廣榕
出版策劃	新銳文創
發 行 人	宋政坤
法律顧問	毛國樑　律師
製作發行	秀威資訊科技股份有限公司 114 台北市內湖區瑞光路76巷65號1樓 電話：+886-2-2796-3638　傳真：+886-2-2796-1377 服務信箱：service@showwe.com.tw http://www.showwe.com.tw
郵政劃撥	19563868　戶名：秀威資訊科技股份有限公司
展售門市	國家書店【松江門市】 104 台北市中山區松江路209號1樓 電話：+886-2-2518-0207　傳真：+886-2-2518-0778
網路訂購	秀威網路書店：https://store.showwe.tw 國家網路書店：https://www.govbooks.com.tw
出版日期	2019年8月　BOD一版
定　　價	300元

Printed in Taiwan

國家圖書館出版品預行編目

適中求對的山西王：閻錫山回憶錄及其他 / 閻錫山,
臧卓著. -- 一版. -- 臺北市：新銳文創,
2019.08
面；　公分. -- (血歷史；154)
BOD版
ISBN 978-957-8924-61-1(平裝)

1.閻錫山 2.回憶錄

782.886　　108011305

讀者回函卡

感謝您購買本書，為提升服務品質，請填妥以下資料，將讀者回函卡直接寄回或傳真本公司，收到您的寶貴意見後，我們會收藏記錄及檢討，謝謝！

如您需要了解本公司最新出版書目、購書優惠或企劃活動，歡迎您上網查詢或下載相關資料：http:// www.showwe.com.tw

您購買的書名：________________________

出生日期：_______年_______月_______日

學歷：□高中（含）以下　□大專　□研究所（含）以上

職業：□製造業　□金融業　□資訊業　□軍警　□傳播業　□自由業

□服務業　□公務員　□教職　□學生　□家管　□其它_____

購書地點：□網路書店　□實體書店　□書展　□郵購　□贈閱　□其他

您從何得知本書的消息？

□網路書店　□實體書店　□網路搜尋　□電子報　□書訊　□雜誌

□傳播媒體　□親友推薦　□網站推薦　□部落格　□其他__________

您對本書的評價：（請填代號　1.非常滿意　2.滿意　3.尚可　4.再改進）

封面設計____　版面編排____　內容____　文／譯筆____　價格____

讀完書後您覺得：

□很有收穫　□有收穫　□收穫不多　□沒收穫

對我們的建議：________________________

____

____

____

請貼
郵票

11466
台北市內湖區瑞光路 76 巷 65 號 1 樓
秀威資訊科技股份有限公司 收
BOD 數位出版事業部

（請沿線對折寄回，謝謝！）

姓　　名：＿＿＿＿＿＿＿＿　年齡：＿＿＿＿　性別：□女　□男

郵遞區號：□□□□□

地　　址：＿＿＿＿＿＿＿＿＿＿＿＿＿＿＿＿

聯絡電話：(日)＿＿＿＿＿＿＿＿　(夜)＿＿＿＿＿＿＿＿

E-mail：＿＿＿＿＿＿＿＿＿＿＿＿＿＿＿＿